에코맘의
산골 이유식

텃밭에서 캐낸

제철 아기 밥상

에코맘의
산골 이유식

오천호 글
권산 사진

상추쌈

차례

돌봄 이유식

이유식 만드는 〈에코맘〉 이야기

재료로 찾아보기

텃밭에서 캐낸, 제철 아기 밥상
에코맘의 산골 이유식

〈에코맘의산골이유식〉은 가까이에 있는 땅을 일궈 밭을 가꿉니다. 건강한 흙이 길러 낸 음식. 푸드마일Food Mile이 짧은 음식. 제철 기운을 담은 살아 있는 음식을 아기와 함께 나눕니다.

자연을 닮아 가고 싶습니다. 아낌없이 내어 주는 자연.

〈에코맘의산골이유식〉은 우리 아기들에게 그런 자연의 이야기를 들려주고 싶습니다.

가까운 곳에서, 제철에 난 먹을 것으로 우리 아기들 밥상을 차립니다.

사람은 세 살까지의 섭생이 중요합니다.

지금 우리 아기들이 먹는 음식이, 다시 그 아들딸들의 음식이 되기에 부족함이 없기를.

에코맘

이유식

원칙

먹는 것이 곧, 몸이 됩니다

이유식 시기는 아기의 몸이 기본을 갖추어 가는 때입니다. 이유식이 중요한 까닭은 이때 아기가 먹는 것이 곧,

아기의 몸이 되기 때문입니다. 그래서 무엇보다 중요한 것은 건강한 먹을거리를 고르는 일입니다.

01 자연에서 햇볕과 바람, 비를 맞으며 자란 제철 재료.

02 화학 비료와 농약을 쓰지 않은 것.

03 너무 멀리 옮겨 오지 않은 것.

04 거두고 갈무리해서 오래되지 않은 것.

이렇게, 몇 가지 원칙을 꼽아 봅니다.

이유식 재료라 특별히 가공된 재료를 고를 일은 없겠지만, 철에 맞는 재료를 고르기 어려울 때는 묵나물이나 병조림처럼 제철에 난 것을 곧장 저장한 것을 고르는 것도 괜찮아요. 이유식은 간을 하지 않는 음식이라 온전히 재료의 기운이 맛을 결정하지요. 맛은 제대로 자란 건강한 재료에서 나옵니다. 소중한 아기에게 자연에서 온 건강한 맛을 보여 주세요. 에코 이유식, 아기의 평생 건강과 입맛을 지키는 귀한 선물이 된답니다. 다만 신맛이나 단맛이 너무 강한 재료와 꿀은 아기가 아주 어릴 때는 쓰지 않는 게 좋아요.

농사를 잘 짓는 것이 기본입니다

맛있는 음식은 농사에서 출발합니다. 더 정확하게는 땅에서부터 출발합니다. 좋은 땅에서 맛있는 농산물이 나오는 것이니까요. 결국 맛있는 음식은 요리사의 손맛 못지않게 농부의 땅 농사가 중요합니다. 그러니 건강하고 맛있는 먹을거리를 '쉽게 쉽게' 얻을 수 있는 방법은 없다고 해도 과언이 아니지요. 땅을 살리고, 그 땅에서 농작물을 기르는 농부의 땀과 정성이 없이는 불가능한 일이니까요.

아토피를 겪거나 예민한 아이들은 놓아 기른 닭이 낳은 달걀은 먹어도, 닭장에서 사료 먹고 자란 닭이 낳은 달걀은 못 먹기도 하지요. 이 아이들한테는 전혀 다른 달걀인 셈입니다. 최근에는 자연주의 이유식을 외치면서 달걀이나 우유, 밀가루 음식 같은 것은 아기에게 먹이는 게 좋지 않다고 하기도 하는데, 제대로 농사지었다면 달걀이나 우유, 밀가루도 좋은 먹을거리이지요. 아토피 아이들은 예민한 자기 몸으로 나쁜 음식, 나쁜 환경을 가려내고 있는 셈입니다. 어쩌면 우리 모두가 이 아이들한테 빚을 지고 있는 것일지도 모릅니다.

농사지어 거둔 먹을거리가 소비자들에게 닿기까지의 과정도 무척 중요하답니다. 유기농 열대 과일은 산지에서는 유기농일지 모르지만, 이곳까지 옮겨 오기 위해서는 어쩔 수 없이 이런저런 약품 처리를 한다지요. 농·수산물이 생산되는 곳과 소비되는 곳은 가까워야 합니다. 그것이 안전하고 믿을 수 있는 먹을거리의 기본이 됩니다.

농약과 항생제로 키운 불량 재료 OUT　요즘 농산물들을 보면, 그림 그린 듯 모양과 색깔이 어찌나 매끈한지 몰라요. 그런데 문제는 모두 농약의 힘으로 그런 모양새를 뿜내고 있다는 겁니다. 농약을 조금씩 치다 보면 농산물에 내성이 생겨 더 강력한 농약을 자꾸 써야 합니다. 이런 먹을거리를 자주 먹게 되면 우리 몸 안에도 농약 성분이 차곡차곡 쌓이게 되지요. 어른보다 몸집이 작은 아기들한테는 더 위험한 일이 될 수밖에 없어요.

또, 비료를 너무 많이 써서 부쩍부쩍 부풀듯이 자라게 기르고, 동물을 가둬 키울 때는 곡물 사료를 먹여 금세 자라도록 키웁니다. 그래서 채소나 과일은 깊은 맛이 없고, 고기도 너무 부드럽기만 하지요. 게다가 곡물 사료로 많이 쓰이는 것이 수입산 옥수수나 콩 따위인데 이것들은 외국에서 키운 유전자조작농산물GMO일 가능성이 아주 높습니다. 이렇게 키운 고기나 우유를 먹는 것은 결국은 GMO 식품을 먹는 셈이 될 수 있지요.

이것만은 빼 주세요 : 방사능과 GMO　먹을거리는 본디 무기물이 아니라 유기물이지요. 땅과 환경, 생명을 존중하지 않고서 건강한 먹을거리를 바랄 수는 없답니다. 목숨을 빌려 목숨을 잇는 이 거대한 먹이사슬 앞에서 모두가 겸손해져야겠지요. 손쉽게 에너지를 얻겠다며 땅속 깊숙이 묻힌 우라늄을 꺼내 핵 발전에 쓰는 일이며, 생산량을 늘리기 위해 작물의 유전자를 조작하는 일은 생명의 본질과 자연의 이치를 거스르는 일입니다. 자칫 엄청난 재앙을 낳을지도 모르는 선택. 세상 모든 엄마들의 마음처럼, 에코맘은 그 짐을 소중한 우리 아기들에게 지우고 싶지 않습니다. 방사능과 GMO로 오염된 재료. 아무리 적은 양이라도 아기 밥상 위에 올리지 말아야겠지요?

쌀과 여러 가지 곡식, 씨앗

쌀은 우리나라 사람에게 가장 중요한 먹을거리이지요. 아기에게도 엄마 젖 다음으로 먹이기에 가장 좋은 음식입니다. 쌀을 주식으로 삼지 않는 나라에서도 아기 이유식은 쌀로 시작하기도 하니까요.

현미는 거칠어서 아기가 먹기 어려울 것 같지만, 꼭 그렇지는 않아요. 처음 며칠이 어려울 수는 있지만, 금세 익숙해지지요. 번거롭더라도 물에 불려 싹을 틔우면 부드러운 밥을 지을 수도 있습니다. 몇십 년 전만 해도, 끼니마다 백미를 먹는 일은 아주 드물었어요. 쌀밥을 먹어도 현미로 먹기 마련이었지요. 어려서 현미 맛을 알면, 백미밥은 어딘지 엉성한 느낌이라는 걸 알아챕니다. 아무래도 백미에는 탄수화물만 너무 많고, 다른 영양소는 거의 겉껍질이나 쌀눈에 있으니까요. 쌀눈만 따로 모아서 먹는 것도 조금 이상한 일이지요. 현미 밥을 지으면 쌀눈이든 껍질이든 자연스럽게 다 같이 먹게 되고, 몸에서 받아들이기에도 그게 좋습니다. 요즘은 흑미나 녹미, 홍미 같은 색깔 있는 쌀도 나오지요. 영양도 뛰어날 뿐더러 독특한 색깔이 아기 흥미를 돋우기도 하니까 이유식 재료로 쓰기에 아주 좋아요. 처음부터 현미로만 하기 어려우면 조금씩 섞어서 시작해 보세요.

콩은 우리 겨레가 아주 오래전부터 먹어 온 익숙한 곡식이지요. 음식에 간을 하면서부터는 가장 먼저 넣게 되는 것이 간장과 된장이기도 하니까요. 두부도 아기들이 잘 먹는 것이구요. 예전부터 밥밑콩으로 넣어 먹던 것, 팥이나 녹두, 완두콩, 강낭콩은 아기가 먹기에도 부담스럽지 않지요. 영양도 골고루 얻을 수 있고, 어릴 때 다양한 맛을 느끼기에도 좋고요. 잡곡을 넣듯이, 불린 콩을 적당히 넣어 보세요.

잡곡을 먹는 것은 언제부터인가 아주 낯선 일, 혹은 손이 많이 가는 성가신 일처럼 되었어요. 잡곡을 섞어 먹는 것이 익숙해지면, 맛도 영양도 훨씬 낫다는 걸 몸이 알게 됩니다. 좁쌀(조), 수수, 기장, 보리쌀, 밀쌀. 이런 것들은 이유식을 만들 때에 같이 넣어도 아주 좋아요. 아기에게 부드럽고, 쉽게 친해질 수 있는 씨앗들이지요. 집에 두고 먹기에도 어렵지 않으니까, 여러 가지를 재어 놓고, 때마다 손 가는 대로 섞어서 밥을 지어 보세요. 밀가루도 우리밀, 특히 유기농 토종밀은 아기에게 먹여도 괜찮습니다. 간 없이 반죽해서 구워 주세요.

호두나 땅콩, 잣 같은 견과류는 특별한 씨앗이에요. 다른 곡식에서 얻기 어려운 영양소가 많지요. 특히 좋은 기름을 얻을 수 있는 것들입니다. 참깨나 들깨도 영양을 본다면 이런 견과류와 비슷해요. 다만 견과류는 껍질이 단단해요. 껍질이 벗겨지면 상하기 쉬운 영양소가 많기 때문이지요. 들깨도 마찬가지랍니다. 그래서 이런 견과류를 먹거나, 아기에게 줄 때는 되도록 그 자리에서 껍질을 까서 주세요. 들깨는 먹기 직전에 갈아 먹는 게 좋아요. 미리 껍질을 까 놓아 누런빛이 도는 것은 피해야 합니다.

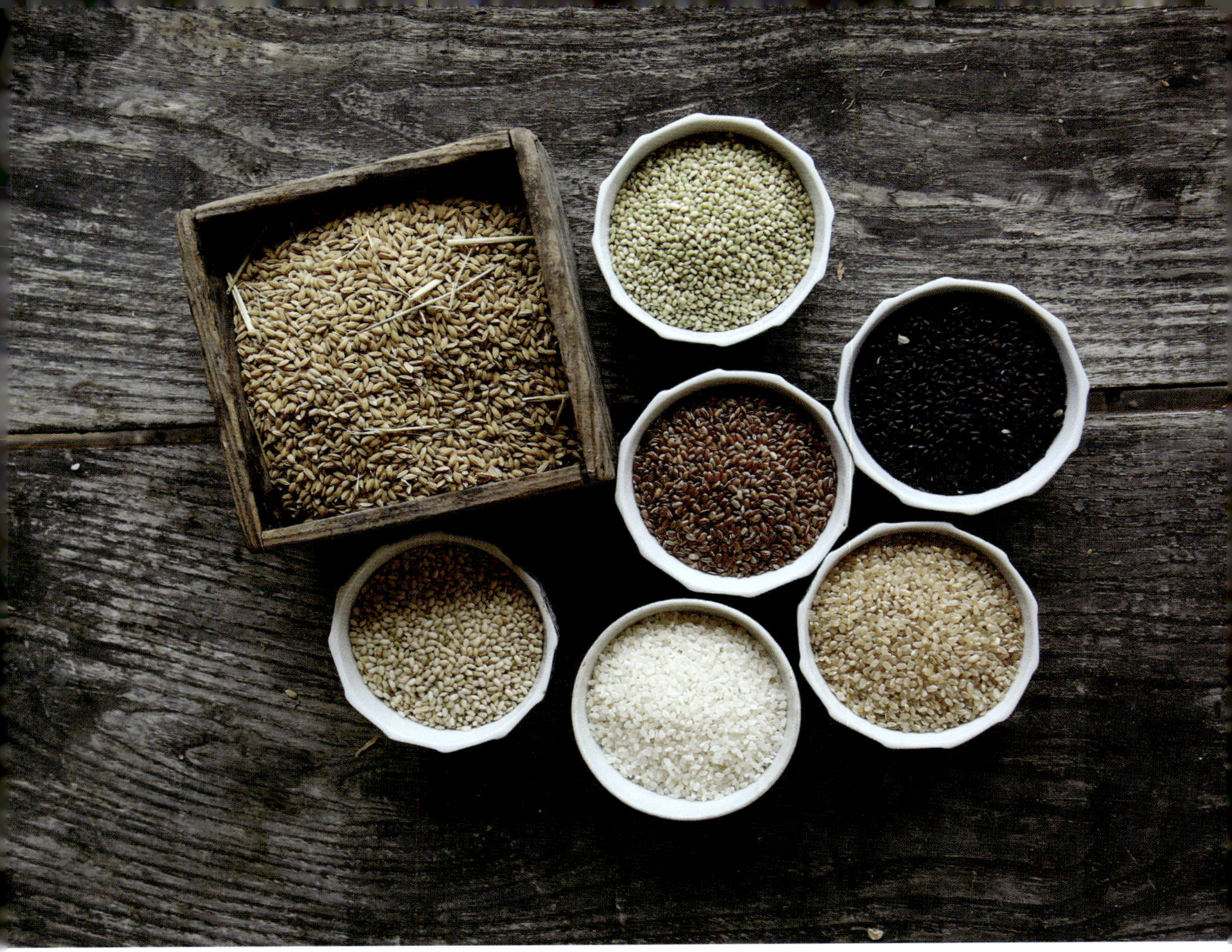
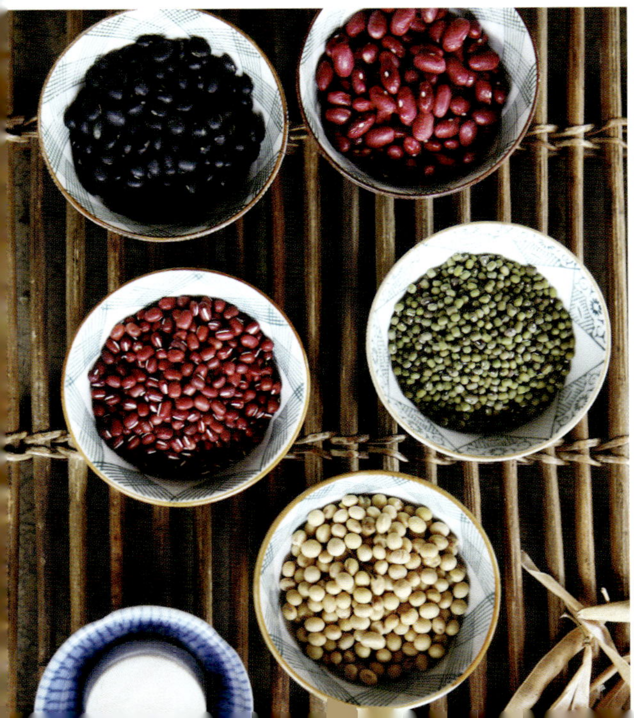
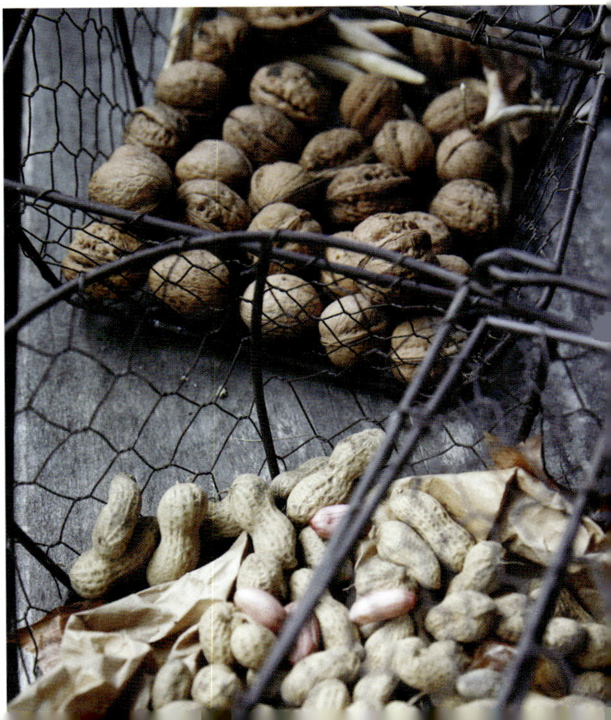

채소와 버섯

채소는 평생 먹는 것 가운데 가장 중요한 것입니다.
곡식과 함께 말이지요. 제철 재료라고 했을 때 쉽게 떠
올리는 것도, 그때그때 밭에서 나는 푸성귀와 나물, 열
매채소 같은 것들입니다. 방금 땅에서 캐낸 뿌리채소
들도 있고요. 잘 말려 둔 묵나물은 언제 먹어도 제철
채소를 먹는 것처럼 기운을 북돋웁니다.

먹는 것은 곧 몸이 되기도 하고, 또 몸을 움직이는
에너지, 곧 힘이 되기도 합니다. 모두 식물에서 나오는
것이지요. 고기나 달걀 같은 육식 재료도 결국은 식물
을 한 다리 건너 많이 먹기 위해 먹는 음식입니다. 그래
서 기본이 되는 먹을거리는 곡식과 채소와 열매 같은
것들입니다.

곡식이 아무래도 힘을 내는 음식이라면, 채소는 몸
을 이루는 일을 좀 더 많이 합니다. 그래서 아기가 제철
채소를 골고루 먹는 것이, 몸이 건강하게 자라는 데에
중요한 밑받침이 됩니다. 그 어느 때보다 몸이 쑥쑥 자
라는 때이고, 먹는 것이 그대로 몸이 되는 때이니까요.
버섯도 채소와 비슷합니다.

그렇다고 다른 나라에서 들여왔다거나, 부모도 여
태 먹어 보지 않았던 채소까지 일부러 찾아 가며 골라
먹일 필요는 없습니다. 우리 겨레는 오랫동안 아주 여
러 가지 채소와 나물을 먹어 왔으니까요. 오히려 예전
부터 먹던 채소들을 잊지 않고, 철에 맞춰서 하나씩 먹
이려고 애써 주세요.

고기와 우유, 달걀

소고기, 돼지고기, 닭고기, 오리고기, 그리고 달걀과 우유. 동물성 음식은 아기가 먹기에 좋습니다. 처음 영양분을 만드는 것은 식물인데, 이 식물을 먹은 동물한테서 우리가 그 영양분을 건네 받는 셈이거든요. 먹기 좋고, 소화도 잘 되고, 영양분도 골고루 섞어서 한 번 잘 가공한 것이나 마찬가지입니다. 특히 아기가 아프거나, 기운이 없을 때라면 고기나 우유, 달걀 따위가 더 필요합니다.

하지만, 좋은 먹을거리이긴 해도 건강한 재료를 고르기는 어려워요. 소나 닭이나 돼지나 아주 좁은 사육장에서 평생 제대로 움직이지도 못하고, 햇볕 한 번 보지 못하는 경우가 많지요. 거기다가 자연의 먹이가 아니라 사람이 만든 사료를 먹고 자라거든요. 요즘은 동물들이 더 건강하게 자랄 수 있도록 애쓰는 사람들이 늘고 있습니다. 닭을 놓아 기르거나, 풀을 먹여 소를 키우거나 하는 식으로요. 그런 재료들을 한번 찾아보세요. 타락죽을 끓인다면, 풀을 뜯어 먹고 자라는 산양유 같은 것으로 끓일 수도 있을 겁니다.

바다에서 나는 것

어느 철이든, 어디에서든 바다에서 나는 먹을거리는 늘 우리 밥상에 올라와 있게 마련입니다. 미역, 김, 파래 같은 바다나물이나, 조개나 게나 새우, 오징어, 갖가지 바닷물고기까지. 하나하나 꼽아 보면 저절로 고마운 마음이 들어요. 모두 하나같이 훌륭한 음식들입니다. 특히 바다에서 나는 물고기 같은 동물성 음식은 아무래도 땅에서 사람이 기르는 동물성 음식보다 건강하게 자라게 마련입니다.

바다에서 나는 것은 양식하는 물고기가 아니라면 거의 제철 음식이에요. 그저 잡고 거두고 캐내고 하는 것이니까요. 모자반이나 매생이 같은 바다나물은 나오는 때가 짧지만, 제철을 놓치지 않고 먹으면 좋습니다. 또 말려서 먹기에 좋은 것들도 많지요. 이런 것은 집에 조금씩 늘 재어 두고 아기에게 주기에도 좋은 음식이에요.

에코맘
이유식
길잡이

우리 아기 이유식,
이렇게 먹여요

이유식은 왜 필요할까요?

시골 어른들이 그러십니다. "세상에서 제일 듣기 좋은 소리가 마른 논에 물 들어가는 소리, 내 새끼 입에 밥 들어가는 소리"라구요. 사실, 모든 부모들 마음이 그럴 겁니다. 아기를 낳고, 몸을 추스르기가 무섭게 정신을 차릴 틈도 없이 맞닥뜨린 한 고비, 무럭무럭 자라나는 우리 아기 이유식. 온통 낯선 것뿐이라 해도 당황하지 마세요. 음식 솜씨가 야무지지 않아도 주눅 들 필요 없답니다. 조리 과정이 손에 설어, 모양새가 좀 엉성하면 또 어떤가요?

우리 아기 첫 밥상은 내가 차려 주고 싶다는 그 마음이면 충분합니다. 시작이 반이라지요? 우리 아기들을 위한 에코 이유식을 만들어 온 〈에코맘〉이 초보 엄마 아빠 들과 함께합니다.

아기가 커 나가면 모유나 분유만으로 필요한 영양분을 다 섭취하기에는 충분하지 않은 때가 옵니다. 곧 이가 날 테니, 덩어리 음식을 먹는 연습도 해 나가야겠죠. 아이가 탈 없이 튼튼하게 자라기 위해서는 무엇보다 고른 영양과 올바른 식습관이 필요하지요. 아기가 자라는 속도를 살펴 보미(유동식), 묽은죽(반유동식), 옹근죽(고형식)……. 이렇게 차근차근 나아가야 합니다. 발달단계에 맞게 먹여야 아기의 이와 턱, 두뇌가 제대로 자랄 수 있습니다. 어릴 때 식습관이 평생을 따라다니니 꾸준한 관심이 필요하지요.

언제쯤 이유식을 시작할까요?

대개는 백일이 지날 때쯤 슬슬 준비를 시작합니다. "맘마!" 하고 가볍게 누르듯 아기 입에 숟가락을 가져다 대봅니다. 아기가 혀를 쏙 내민다면 이제 아기도 젖이나 분유가 아닌 바깥의 음식을 먹을 준비가 된 겁니다. 하지만, 생후 6개월 정도까지 늦어진다고 해도 너무 걱정하지 마세요. 어느 시기에 먹일 것인가보다, 훨씬 더 중요한 것은 평소에 식구들이 끼니마다 맛있게 먹는 모습을 아기에게 보여주는 것입니다. 어른들이 즐겁게 밥을 잘 먹으면, 아기도 스스로 준비가 되는 대로 밥상에 앉고 싶어 합니다.

엄마 젖만 먹던 아기의 첫 밥상. 아기용 그릇과 숟가락이 앙증맞게 놓입니다. 그런데 정성껏 차린 밥상이 무색하게, 아기는 무심히 딴전이거나 심지어는 숟가락을 밀어낼지도 모르지요. 꿀딱꿀딱 수월하게 젖이나 분유를 빨아 넘기던 시기를 지나, 난생 처음 마주한 밥상. 끈기가 도는 보미가 아기에겐 낯설고, 두려울지도 모르거든요.

단숨에 잘 먹지 않는다고 조바심치거나 초조해하지 마세요. "첫술에 배 부르랴!" 하는 옛말도 있지요? 그럴수록 아기의 기분을 잘 살펴 가며 되도록 아기가 배가 고플 때 이유식을 먹여야 한답니다. 아기의 속도에 맞춰 서서히 노력해 가다 보면 조금씩 나아질 겁니다.

입안에 액체가 아닌 것이 들어왔을 때 혀를 내밀어 뱉어 버리는 '혀 내밀기 반사'도 사라지면, 혀를 앞뒤로 움직여 물기가 많은 보미를 먹을 수 있게 됩니다. 보통은 이가 나올 때가 아니지만, 빠른 아이는 아랫니가 나기도 해요. 아직은 입을 반쯤 벌리고 먹을 거예요. 음식이 많이 흘러내리겠죠? 그래도 대견한 마음으로 지켜봐 주세요.

첫 이유식은 쌀보미로 시작합니다. 물기가 많아 숟가락을 기울이면 주르륵 흘러내리는 묽기로 곱게 쑵니다. 아기가 잘 먹는다면, 이제 쌀로 쑨 보미에 한 가지 재료를 더 섞어 먹입니다. 담백하고 슴슴한 재료들로 시작해 점차 다채로운 맛이 나는 재료로 나아갑니다. 채소, 잡곡, 고기와 콩, 과일…… 이렇게 차례차례 넣어 보세요. 같은 보미를 이삼일 달아 먹이며 아이가 알레르기 반응을 보이지는 않는지 살피는 것이 좋지요. 그리고 보미가 마요네즈처럼 되직해질 때까지 서서히 묽기를 굳혀 갑니다. 참, 이유식을 시작했더라도 돌 무렵까지는 꾸준히 아기 젖 먹이는 일에도 힘쓰셔야 해요.

우리 아기가 기준입니다

나침반은 교과서가 아니라, 우리 아기입니다. 이유식 단계가 달나이가 같은 아기들보다 좀 처졌더라도, 이유식 먹는 시간이 책에 나온 것과 좀 다르더라도, 권하는 양보다 조금 덜 먹거나 더 먹더라도 큰 문제 아닙니다. 이유식은 모두 같은 출발선에 나란히 서서 "탕!" 소리와 함께 출발해 누가 빠른지 겨루는 달리기 시합이 아니거든요.

아기는 곧 이가 나고, 몸집이 점점 커지고, 걷고, 뛰고, 몸을 놀리며 놀게 될 겁니다. 이유식은 그렇게 아기 몸에 에너지가 많이 필요하게 될 때, 아기가 밥을 잘 먹을 수 있도록 차근차근 돕기 위한 과정이기도 합니다. 이 준비운동에 임하는 아기의 성향이 저마다 다른 것은 당연한 일이지요. 아기들은 모두 다르니까요. 그 아이들은 모두 옳답니다. 걱정으로 애태우기보다 신비로 가득 찬 생명의 힘을 믿으세요. 우리 아기에게 맞는 길을 찾아 주는 것이 돌보는 어른들이 해야 할 일이기도 하답니다.

처음에는 하루에 한 번만 먹여요

처음 한 달 정도는 하루에 한 번 먹이는 것으로 충분해요. 오후보다는 오전에, 대개 10시 무렵 많이들 먹이시지요. 하지만 자는 아기를 깨워서까지 이 시간에 꼭 먹일 필요는 없답니다. 수유 간격을 고려하되, 아기의 상태를 보아 적당한 때를 고르면 됩니다. 우선 모유나 분유를 조금 먹여 입을 축인 다음 이유식을 숟가락 끝에 조금 묻혀 먹여 봅니다. 배가 너무 고픈 상태에서는 아기가 오히려 짜증스럽게 이유식을 거부할 수 있거든요. 차츰 이유식에 익숙해진다면 모유나 분유를 먹기 전에 먹이면 되지요. 그리고 찻숟가락으로 한 숟가락씩 이유식 양을 서서히 늘려 가세요. 초기 끝 무렵이나 중기를 시작하면서부터는 하루에 두 번으로 나누어 먹이도록 합니다. 대개 오전 10시와 오후 6시 무렵을 많이 권하지만 역시 꼭 그래야만 하는 것은 아니에요.

6개월이 넘어 처음 이유식을 시작하는 아기라면 일찍 시작한 아기들이 걸어 온 단계를 차근차근 뒤따라가면 됩니다. 늦게 시작한 만큼 초기 이유식을 조금 빨리 마칠 수는 있지만, 너무 조급해할 필요는 없지요.

느긋한 마음이 필요합니다

이유식을 처음부터 잘 받아들이는 아기는 드물답니다. 구역질을 하는 아기도 있어요. 너무 속상해하지 마세요. 많은 아기들이 겪는 일이랍니다. 모든 일이 그렇듯이 이유식을 시작할 때도 과도기가 필요하지요. 누군가, 이유식은 돌보는 이와 아기가 함께 펼치는 이인삼각 경기 같은 거라고 하더군요. 아기를 믿고 한 발, 한 발 천천히 함께 내딛다 보면 곧, 놀라운 호흡을 자랑할 날이 올지도 모릅니다.

어른들이 밥상 앞에 앉아 집중해서 맛있게 먹는 모습을 아기한테 보여주시는 것도 중요합니다. 아이들의 거울은 누가 뭐래도 부모니까요. "이건 뭐지? 와! 맛있겠다!", "냠냠, 이렇게 먹는 거야." 하며 맛있게 먹는 시늉을 하는 것도 도움이 됩니다. 그래도 먹기를 거부한다면 억지로 계속하지 마세요. 엄마 젖꼭지나 젖병을 빨던 아기들에겐 숟가락에 담긴 음식이 얼마나 당황스럽고 낯설까, 헤아려 주세요. 아이가 잘 안 먹으려 한다면 다음으로 미루는 것이 좋습니다. 아기가 먹는 것이 괴로운 일이라고 여기게 되면 곤란하니까요.

이유식 먹일 때, 이렇게 도와주세요

이유식을 먹일 때에는 되도록 아기와 눈을 맞춰 가며 먹여 보세요. 이유식으로 단순히 영양소만 섭취하는 것이 아니라, 엄마 아빠와 교감을 나누는 일도 중요하니까요.

아이가 스스로 먹다가 이유식을 흘려도 괜찮습니다. 섣불리 대신해 주지 말고, 지켜봐 주세요. 그리고 혼자서도 잘할 수 있다고 칭찬해 주세요. 자기 일을 스스로 해낼 수 아는 아이, 긍정적이고 자신감 넘치는 아이로 자라날 수 있게 곁에서 도와주셔야 합니다.

이유식은 크게 네 단계로 나누어요

이 책에서는 보미, 묽은죽, 옹근죽, 진밥 이렇게 나눴어요. 아기가 자라는 것에 맞춰 이유식 알갱이가 굵어집니다. 달나이는 참고 자료일 뿐, 이유식 단계를 결정하는 원칙은 간단해요. 아기가 삼킬 수 있다면, 조금씩 더 굵은 알갱이, 되직한 묽기로 나아갑니다. 아기가 힘들어하면, 다시 이전 단계로 돌아가 삼키는 힘이 길러지기를 기다립니다.

01 **모유** | 0~3개월

이유식을 시작하는 단계가 아니에요. 모유나 분유만 먹여야 합니다.

02 **보미** | 4~7개월

빠른 아기들은 4개월에 접어들면 쌀보미로 이유식을 시작하지요. 모유를 먹이는 아가는 6개월부터 시작해도 늦지 않답니다.

이유식 묽기는 점점 되직하게 조리해 나가야 합니다. 아기 먹이는 양은 조금씩 늘려 갑니다.

03 **묽은죽** | 6~9개월

이제 알갱이가 조금씩 보이는 묽은죽을 먹기 시작합니다. 중기는 불린 쌀을 ⅓~¼ 크기로 갈아 멀그스레한 죽을 쑵니다. 지어 둔 밥이 있다면 그걸 갈아 죽을 쑤어도 되지요. 다른 재료도 쌀알 크기에 맞춰 잘게 다져 넣어 줍니다.

7개월 이후에는 다섯 가지 식품군을 골고루 먹여야 하지요. 그래서 이유식 한 그릇에 들어가는 재료 가짓수도 전보다 늘어납니다. 모유 먹는

02 보미

03 묽은죽

04 옹근죽

05 진밥

아가들도 이제 이유식을 먹기 시작합니다. 마른 쌀가루로 쑬 때는 불린 쌀보다 물을 조금 더 넣습니다. 밥으로 보미를 쑬 때는 물을 조금 넣고 숟가락이나 절굿공이로 밥알을 곱게 으깬 뒤에 불린 쌀로 쑬 때보다 물을 절반쯤 넣고 끓입니다.

04 옹근죽 | 8~12개월

이유식이 아기의 주식이 되는 시기입니다. 불린 쌀이나 맨밥으로 죽을 쑤어 줍니다. 소화력이 좋아지는 시기라 이유식 양을 전보다 늘려 주어야 합니다. 음식을 씹을 수 있는 월령이라 갈지 않은 쌀죽에 다른 재료를 잘게 썰어 넣어 줍니다. 아기가 씹는 훈련을 시작할 수 있게요. 이제부터는 아기가 되도록 식구들 밥 먹을 시간에 밥상에 함께 둘러앉아 이유식을 먹을 수 있도록 도와주세요.

05 진밥 | 12개월~

진밥을 먹기 시작합니다. 다만 아기가 물기 없는 맨 밥을 잘 삼킨다면 굳이 진밥 단계를 거치지 않아도 되지요. 음식을 흘리더라도 혼자 먹는 버릇을 들여야 합니다. 식구들과 함께 밥상에 둘러앉아 세 끼를 이유식으로 먹으며, 밥상머리 예절도 배워 나갑니다.

영양을 고려하는 방법

젖먹이에서 벗어나기

젖을 먹는 아기는 다른 음식을 먹을 필요가 없지요. 아기한테 필요한 모든 것이 다 있으니까요. 젖과 같은 음식은 없어요. 그래서 여러 가지 음식을 골고루 먹는 게 중요해요. 채소, 바다나물, 버섯, 생선, 달걀, 과일, 육류 같은 것을 적당히 섞어 먹어야 합니다. 그렇다고 매번 먹이지 않았던 것을 찾아서 새로운 재료에 매달릴 필요는 없어요. 시장에 나오는 제철 재료를 놓치지 않는 정도면 충분합니다. 골고루도 중요하지만, 재료 하나하나가 건강한가도 중요하거든요. 한 끼 밥을 먹으면서 모든 영양소를 '젖'처럼 완벽한 비율로 섞어서 먹을 수는 없어요. 아기가 어느 때는 키가 자라고, 어느 때는 살이 오르고, 어느 때는 안으로 단단해지면서 몸이 자라듯, 몸에서 영양소를 쓰는 방식도 때마다 달라집니다. 건강한 제철 음식을 골고루 먹으면, 그 다음은 몸이 알아서 합니다.

밥상 위의 균형

영양학은 깊이 들어갈수록 어렵고 복잡한 세계입니다. 섣불리 한 가지 정보에 기대 아기 밥상을 차리다 보면, 큰 줄기를 놓칠 수도 있지요. '카더라 통신'과 이유식 교과서에 나오는 공식보다는 제철 재료를 중심으로 곡류와 채소, 생선, 육류, 과일을 고루 섞어 식단을 짜는 것이 중요합니다. 무엇보다 오랜 경험으로 쌓아 온 지혜를 찾아 듣고, 존중하는 게 가장 중요해요.

육류에 든 철분이 흡수율이 높다는 이유로, 날마다 소고기를 먹어야 한다는 사람도 있지요. 그런데 한국에서 구할 수 있는 소고기는 자라는 환경이나 먹는 사료가 썩 좋은 형편이라고 하기 어렵습니다. 이유식 시기는 아기가 다양한 재료를 접해 보고, 바른 식습관을 다져 가는 때이기도 하지요. 한 끼 한 끼 하루하루에 전전긍긍, 일희일비 하기보다는 긴 안목으로 아기의 건강을 지키는 식단을 짜야 합니다.

다만 음식을 할 때는, 함께 넣으면 좋은 재료와 따로 먹어야 좋은 재료를 살펴야 해요. 그렇게 오랜 시간 동안 살피고 찾아낸 결과가 우리의 음식 문화입니다. 낯설고 새로운 조합에 골몰하기보다, 오래도록 우리 할머니 할아버지들이 먹어 온 방식을 찬찬히 한번 더듬어 보세요.

아욱 철에는 말린 보리새우를 넣고 끓인 된장국을 상에 올리고, 햇콩이 나올 때면 지난 해 갈무리해 둔 팥과 호박을 넣고 죽을 끓이셨지요. 이런 오래된 지혜가 아기 밥상 차릴 때 큰 도움이 된답니다.

골고루 먹여야 합니다

이유식은 아기가 처음 먹는 음식입니다. 그 경험으로 맛에 대한 기억이 생겨납니다. 하루 종일 아기 데리고 씨름하다 보면 엄마 아빠도 사람인지라 편한 쪽으로 움직이게 됩니다. 아기가 잘 먹는 재료가 든 음식만 계속 준다거나, 아기가 잘 먹지 않는 것은 무의식적으로 피하는 식으로요. 때로는 자신이 못 먹거나 좋아하지 않는 재료는

아예 아기 이유식에 넣지 않기도 하지요.

하지만 아토피나 알레르기처럼 아기가 특별히 거부반응을 보이는 재료가 아니라면 아이가 좋아하는 것 사이사이에 잘 먹지 않으려고 하는 음식을 줘 버릇하시는 게 아이가 바른 습관을 들이는 데 도움이 됩니다.

아기가 잘 먹지 않을 때는 같은 재료라도 조리법을 바꾸어 보면 도움이 되기도 합니다. 데친 당근과 볶은 당근처럼 어떻게 조리하느냐에 따라 맛에도 미묘하게 차이가 있거든요. 무엇보다 식감이 확 달라지니까요.

사실, 크게 애쓰지 않아도 자귀 날까 마음이 쓰일 만큼 잘 먹는 아이도 있고, 아무리 신경 써도 저렇게 먹어서야 제대로 클 수나 있을까 걱정이 될 만큼 입이 짧은 아이도 있지요. 타고난 기질을 완전히 바꿀 수야 없겠지만 우리 아기 평생 건강이 달린 식습관이 자리 잡는 시기이니만큼 온 식구가 함께 마음을 모아 주세요. 엄마 아빠도 되도록 집에서 같이 밥을 먹고, 아침을 거르던 버릇도 이참에 고치면 좋지요. 끼니마다 식구들과 함께 건강한 밥상을 마주하는 기쁨, 아기가 엄마 아빠에게 전하는 선물일 수도 있어요.

알레르기, 이렇게 대처하세요

장이 완전히 여물지 않은 아기들에게 이유식은 쉽지 않은 도전입니다. 초기 이유식 때는 쌀보미나 거기에 한 가지 재료를 더 넣어 쑨 보미를 먹입니다. 보통은 한 가지 식단을 이삼일 달아 먹이면서 아기가 그 재료에 과민방 을을 보이지는 않는지 살펴 나갑니다. 처음에는 알레르기 반응이 적은 양배추나 감자, 고구마를 넣은 보미로 시 작하세요. 과일이나 육류는 그 다음에 먹여도 늦지 않아요. 새로운 재료에 이상 반응이 없다면 또 다른 재료를 써도 괜찮아요. 초기 이유식 때 하나씩 하나씩 다양한 재료를 경험해 보아야 두세 가지 재료가 섞이는 중기 이유 식에 접어들었을 때 식단을 짜기가 수월합니다. 한 가지 식단에 아기가 처음 먹어 보는 재료가 너무 많이 들었다 면 이유식을 먹고 아기가 이상 반응을 보이더라도 어떤 재료 때문인지 알아채기가 어렵거든요.

예민한 아기라면 처음 접하는 재료로 만든 이유식은 숟가락에 조금 떠서 아기 입술 주위에 살짝 갖다 대 보는 것도 방법이에요. 재료에 따라 똥 색깔이나 묽기가 달라지는 것은 당연합니다. 그런데 이유식을 먹고 토하거나, 두드러기가 돋는다거나, 설사를 한다거나, 기침이 심하다거나, 숨 쉬는 게 불편해 보인다면 이유식을 더 먹이지 말고 의사와 이야기해 보세요. 시시콜콜 의사와 육아 상담을 할 필요는 없지만, 아이가 평소와 많이 다른 느낌일 때는 얼른 의사를 찾는 것도 중요해요.

과민반응을 일으켰다고 해서 그것을 아기 밥상에서 몽땅 치우는 것만이 능사는 아닙니다. 당장은 아기가 과민반응을 일으키는 재료 대신 다른 재료들로, 모자라는 영양소를 채울 수 있도록 도와주세요. 하지만 아기가 커 가면서 언제 그랬나 싶게 괜찮아지는 게 많아요. 빠르면 한두 달 사이에도 반응이 사라지기도 하니까요. 한 달쯤 지나면, 같은 재료를 다시 먹여 보세요. 이유식 시기에 계속 알레르기 반응을 보이더라도, 아기 장기가 여물면서, 대부분 세 돌이 지나기 전에 괜찮아진답니다. 너무 걱정하지 마세요.

이유식 만들기 준비

좋은 재료를 골라 주세요

좋은 재료를 고르는 것은 아무리 강조해도 지나치지 않습니다. 한살림이나 생협처럼 좋은 재료를 골라서 사먹겠다고 사람들이 모인 곳을 찾아보는 것도 한 가지 방법이겠지요. 믿을 만한 농가가 있다면, 직접 이야기를 나누고 구매를 하는 것도 좋은 방법이에요. 요즘은 '꾸러미'라고 해서, 농가에서 제대로 키운 것을 철에 맞게 조금씩 챙겨서 보내 주는 것도 늘고 있지요.

마트는 늘 일정한 상품을 갖춰 놓으려고 해요. 그래서 언제 가도 늘 같은 자리에 같은 재료가 있지요. 시장의 가게들은 그렇지 않아요. 제철 재료가 훨씬 눈에 잘 들어옵니다. 특히, 오랫동안 한 자리에서 장사를 하는 분이 계시다면, 먹을거리에 관해서 여러가지 조언을 듣기에도 좋지요. 어떻게 다듬고, 어떻게 조리하는 게 좋은지 다들 잘 알고 계신 경우가 많아요.

간단한 방법으로, 금세 만들 수 있어야 해요

이유식은 재료를 손질하는 단계를 빼고는 만드는 과정이 크게 어렵지 않습니다. 하지만, 죽을 쑤는 것은 아무래도 시간이 걸리는 일이에요. 제철에 난 싱싱한 재료 가운데, 엄마 아빠한테 익숙한 것들을 먼저 고르세요. 그 다음은 아기가 먹을 수 있도록 잘게 다지고, 푹 익혀서 쌀죽과 잘 섞으면 됩니다.

아기는 하루 종일 먹고 자고 싸는 일에 온 힘을 쏟아붓습니다. 그게 가장 중요한 일이거든요. 먹는 일이 즐거우려면 부모가 그것을 준비할 때부터, 부담스러운 일이 되어서는 안 되지요.

식구 밥상 차리는 것과 함께 준비합니다

식구들 밥 준비하는 재료로 아기 음식을 만들면 아무래도 이유식을 준비하는 것이 좀 더 쉬워져요. 물론 부모가 좋은 제철 재료로 밥을 해 먹어야 하겠지요. 재료를 다듬은 다음, 간을 하기 전에 아기 먹을 것을 따로 덜어 두세요. 그것을 다지거나 갈아서 이유식에 넣으면 되니까요. 그래서 아기가 이유식을 먹는 시기는 온 식구가 제철 재료, 지역 농산물로 차린 건강한 밥상에 함께 둘러앉기가 쉬워지는 때이기도 하지요.

아기들은 자기가 필요한 것이 있을 때, 어떤 식으로든 그때그때 이야기를 합니다. 온몸을 써서요. 그래서 아기를 돌보는 것에는 마음을 쓰기 쉽지만, 그러다 보면 어른들끼리는 서로 챙기기가 어려워질 수 있어요. 아무래도 아기한테 더 손길이 가니까요. 얼마 전만 해도, 한집에 북적이던 식구들, 한 동네 사는 친척이며 이웃들, 이렇게 여러 사람이 함께 아기를 돌보고 손을 보탰지만, 요즘은 부모가 모든 것을 다 해야 하는 형편입니다. 힘도 들고 스트레스도 많이 받을 수 있어요. 엄마 아빠가 잘 먹고 어른들끼리 서로 잘 챙겨 주어야, 아기하고 즐겁게 지낼 수 있어요.

이유식 조리 따라 하기

이유식은 다른 음식보다는 만들기가 간단합니다. 간을 하거나 여러 가지 재료를 한꺼번에 쓰지는 않으니까요. 조리가 간단한 만큼, 재료를 고르는 데에 힘을 쏟으면 됩니다. 아기가 자랄수록 음식 하는 것이 어른 음식과 비슷해지지만, 처음 시작할 때는 크게 아래 세 가지 단계만 기억하세요.

01 서로 어울리는 제철 재료를 몇 가지 고릅니다.

02 재료들을 아기가 먹을 수 있도록 썰고, 무르게 조리합니다.

03 쌀죽과 함께 끓입니다.

아기용 조리 도구를 몇 가지 따로 마련합니다

아기용 조리 도구는 되도록 간소하게 준비합니다. 이유식 시기는 길게 잡아야 1년 남짓. 그러니 되도록 집에 있는 도구로 시작하세요. 초기부터 시작한다면 체나 손절구, 강판이 있으면 좋겠지만, 중기부터라면 없어도 되요. 작은 편수 냄비나 실리콘 주걱은 하나쯤 있으면 두고두고 편하게 쓸 수 있답니다.

채소와 육류, 생선을 다듬는 도마와 칼은 아기용으로 따로 마련해 주세요. 위생 문제도 조금 걱정스럽지만, 아무래도 어른 음식 재료를 장만하는 도마와 칼에는 비린내나 매운맛이 미묘하게 배어 있을 수 있으니까요. 쓰고 나서는 세균이 번식하지 않도록 뜨거운 물로 살균하고 자주 볕에 말립니다.

음식 하는 일이 익숙한 사람이라면 대충 어림으로 죽을 쑤어도 괜찮습니다. 한 치의 오차 없이 정확한 계량일 필요는 없어요. 도무지 가늠이 어려운 초보라면 저울을 마련합니다. 저울에 그릇을 올린 뒤 영점을 맞출 수 있는 전자저울이 쓰기 편하지요. 아기 죽을 쑤다 보면 머지않아 손과 눈이 저울이 되는 때가 온답니다.

흰죽은 이렇게 쑤세요

쌀을 빻을 때 손절구를 쓰기가 버겁다면 믹서를 쓰셔도 됩니다. 갈 때, 물을 조금 넣어 주면 잘 갈려요.

쌀가루로 죽을 쑬 때는 갈지 않아도 되지요. 마른 쌀가루를 쓸 때는 물을 조금 더 넣어 주세요. 쌀가루는 넣는 순간부터 잘 저어 주어야 해요. 한번 덩어리지면 풀기 어렵거든요. 거품기를 써서 저으면 손쉽게 풀 수 있어요. 잔불에서 뭉근하게 오래도록 쑤어야 쌀즙이 모두 빠져나와 맛있는 죽이 되지요.

이유식의 기본은 이 쌀보미입니다. 여기에 다른 재료들을 적당히 넣고 빼 가며 상차림을 다채롭게 바꿔 갑니다. 다음 단계로 나아간다면 알갱이 크기와 물 양만 조절하면 끝! 물 대신 엄마 젖을 짜 넣으면 타락죽이 되지요. 백미 대신 현미를 쓰면 우리 몸에 꼭 필요한 미량 영양소까지 아기에게 줄 수 있답니다.

쌀을 불려서 죽을 쑤는 것은 아무래도 손이 많이 가요. 갓 지은 밥으로 죽을 쑤면 간편합니다. 밥알을 잘 으깨가면서 죽을 끓이세요. 옹근죽 정도가 되면 냄비에 아기 죽을 따로 끓이지 않아도 됩니다. 밥을 지을 때, 작은 그릇에 밥과 물을 붓고 밥솥에 넣어 두면 어른 밥이 되면서 아기가 먹을 흰죽도 같이 됩니다. 밥이 다 된 다음 적당히 밥알을 으깨거나 저어 주는 것으로 충분하지요.

보미	묽은죽	옹근죽	진밥
쌀 1 : 물 10	쌀 1 : 물 7	쌀 1 : 물 5	쌀 1 : 물 2
밥 1 : 물 5	밥 1 : 물 3	밥 1 : 물 2	밥 1 : 물 0.5~1

이유식에 들어가는 알갱이는 점점 굵어져요

이유식은 서서히 단계를 밟아 가며 아기가 음식을 씹어 삼킬 수 있도록 돕는 의미도 있습니다. 그러니 같은 재료를 넣더라도 이유식 단계에 따라 입자 크기가 달라져야 해요. 이가 아직 나지 않은 아기도 잇몸으로 씹을 수 있으니까요.

이유식 초기에는 충분히 불려 곱게 간 쌀에 한 가지 재료를 넣고 죽을 쑨 뒤 체에 걸러 줍니다. 한두 달이 지나면 두 가지 재료를 섞어도 좋지요. 이때에는 체에 거르는 과정을 생략해도 괜찮아요. 보미 쑬 때 넣는 물도 조금 덜 잡으셔도 되지요. 그래야 아기가 중기 이유식에 좀 더 쉽게 적응할 수 있거든요. 어떤 아기는 처음부터 체에 거르는 일없이 잘 으깨고 다져서 끓인 보미를 곧바로 먹기도 해요. 아기가 먹기에 어려워하지 않으면 괜찮습니다. 사진들은버섯, 당근, 시금치를 단계에 맞게 재료를 다듬은 것이에요. 사진의 크기가 실제 크기와 비슷합니다.

알갱이를 조금 굵게 했다가도, 아기가 힘들어하면 다시 줄이거나 그 자리에서 숟가락으로 좀 더 으깨어 주세요. 아기가 별달리 어려워하는 기색 없이 굵은 알갱이를 삼킨다면, 좀 더 일찍 밥을 먹게 되겠지요.

| 보미 | 묽은죽 | 옹근죽 | 진밥 | 국과 반찬 |

이유식 재료는 삶거나 찌고, 데치는 방식으로 푹 익힙니다

많은 아기들은 이가 나지 않은 상태로 이유식을 시작합니다. 이유식 단계를 모두 마칠 때까지 젖니가 안 올라오는 아기도 있지요. 어른처럼 이로 음식물을 잘게 씹어서 삼킬 수 있는 것이 아니다 보니, 아기 이유식 재료는 푹 익혀야 합니다. 아기가 쉽게 삼키고, 어렵지 않게 소화시킬 수 있어야 하니까요.

손질한 재료는 삶거나 찌고, 데치는 방식으로 1차 조리합니다. 재료에 따라 기름에 볶는 것이 좋은 채소도 있어요. 당근이나 가지 같은 것들 말이지요. 하지만 보미나 묽은죽을 먹는 동안까지는 기름에 볶는 것은 조금 미뤄주세요. 아무래도 기름에 볶으면 소화를 시킬 때 조금 더 힘을 써야 하거든요. 그리고 또 중요한 것은 아기에게 먹일 만한 건강한 기름을 구하기가 어렵다는 거예요. 꼭 먹이고 싶다면 GMO 작물이 아니면서, 냉압착식으로 짜낸 기름을 골라야 합니다. 건강한 기름이라면 우리 몸에 크게 부담을 주지 않아요.

이유식에는 간을 하지 않아요

돌이 안 된 아기 밥상을 차릴 때는 소금이나 설탕처럼 기본적인 양념도 넣지 않습니다. 아직 장기가 제대로 여물지 않은 아기들 음식에 간을 하면, 아기 몸에 짐을 지울 수 있답니다. 무엇보다 자극적인 맛에 일찍부터 길들여지면 재료 자체의 맛을 느낄 수 있는 기회가 영영 사라지게 되지요. 단맛 나는 재료 역시 너무 일찍부터 맛보이지 않도록 조심해서야 합니다.

그러니까, 이유식은 좋은 재료를 골라서 아기가 먹을 수 있도록 손질한 다음. 이것들을 적당하게 섞어 끓여 한 그릇에 담아내는 일입니다. 조리 과정이 단순하지요. 이유식 만들기는 그런 만큼 재료 자체에 집중할 수 있는 부엌살림이기도 해요. 어른 밥상과 함께 차리는 것이 좋다고 하는 까닭도, 재료가 달라지면 음식이 얼마나 달라지는지 어른들도 조금씩 알 수 있는 기회거든요. 식구들끼리 맛난 밥상을 마주하는 기쁨이 더 늘어난다면 건강을 지키는 일도 쉬워지겠지요.

체에 내리기

이유식을 시작하고, 보미를 만들면서 맨 처음 하는 것 가운데 하나가 보미를 체에 내려서 먹이는 일입니다. 처음에는 아기가 먹기 힘들어할까 봐 이렇게 거르는 과정을 거칩니다만, 그 전에 보미를 곱게 쑤었다면 숟가락 끝에 아주 조금 묻혀 줘 보세요. 아기가 뱉어 내지 않고 넘긴다면 굳이 체에 내려 주지 않아도 됩니다. 아기는 먹기 힘들 때 분명하게 표시를 하니까, 크게 걱정하지 않아도 되지요. 보미를 쑤어서 체에 내리다 보면, 잘 걸러지지 않아 버리는 재료가 너무 많아지기 쉽습니다. 거르는 일이 번거로워 아기 이유식 만드는 일을 포기하게 된다면 더 큰 낭패입니다. 체에 내리는 것은 되도록 짧게 끝내세요.

다지기

이유식을 하는 동안, 재료를 장만할 때 가장 많이 거치는 과정이 다지기예요. 무엇이든, 다져야 하지요. 다지기를 하면서 칼과 도마에 익숙해지면, 어른 밥상을 차리는 것이나 부엌살림이 좀 더 쉽게 느껴져요. 그만큼 음식 할 때 칼질을 할 일이 많고, 익숙하지 않을 때는 하염없이 오래 걸리는 게 칼을 쓰는 일이지요. 하지만, 이것도 버거울 때는 믹서를 써도 괜찮아요.

채소든 고기든 아기가 먹을 수 있는 크기로 다지되, 너무 고르게 다지려고 애쓰지 않아도 됩니다. 조금씩 큰 알갱이가 섞이면, 아기가 좀 더 큰 알갱이를 삼키는 연습을 저절로 하게 되니까요. 먹기 힘들어하면 그때 뱉어 내도록 하세요.

갈기

쌀을 갈 때는 충분히 불렸다가 가는 게 좋아요. 불린 쌀이라고 해도 손으로 가는 일은 꽤 힘들어요. 아기 엄마라면 아기를 안고, 젖을 먹이고 그러면서 손목이 안 좋아지기 쉬운 때이니만큼 힘들면 무리하지 말고 믹서를 쓰는 게 낫습니다. 다른 곡식도 마찬가지입니다. 하지만, 곡식이나 견과류나 어떤 음식이든 한 번 갈면 공기에 노출되고, 벌레가 먹기 쉬워서 금방 상하게 돼요. 그러니 갈아 놓은 재료는 최대한 빨리 쓰고, 그러지 못할 때는 밀폐해서 얼려 두어야 합니다.

찌기

찌는 것도 어른 음식을 할 때보다는 조금 더 자주 하게 됩니다. 어차피 간을 할 일은 없으니까요. 호박이나 감자 같은 열매채소를 찌거나, 생선도 쪄서 이유식에 넣으면, 삶는 것과는 맛이 다르지요. 특히, 감자는 쪄서 먹을 때 맛도 좋고 영양도 더 사는 재료입니다. 삶는 것보다는 찌는 것이 더 오래 걸리지만, 찜기에 두면 다른 일을 하기에는 더 나을 수도 있어요. 물이 졸아들지만 않으면 타지도 않고, 모양도 망가지지 않지요. 영양소도 물에 풀어지는 게 없습니다.

데치기, 삶기

잎채소는 데쳐서 이유식을 하는 게 많지요. 흰살생선 같은 것은 채소보다는 조금 더 익힙니다. 데친다기보다는 삶는 것에 가깝게요.

채소는 데치고 나서 곧바로 찬물로 헹궈 주세요. 데친 채소는 다져서, 죽을 쑬 때 다시 한 번 익히게 됩니다. 그러니까 초기가 아니라면 푹 익힐 필요가 없어요. 끓는 물에 담궜다가 곧바로 꺼내는 느낌이면 됩니다. 푸른잎 채소는 색이 바뀌기 전에 얼른 꺼내야지요. 채소를 데칠 때, 어른 반찬할 것과 함께 데친 다음, 이유식 할 만큼 조금 덜어서 쓰면 됩니다.

채소를 데친 물은 다시 쓰지 말고 버리세요. 특히 양배추는 꼭 그렇게 해야 하는데요. 다른 재료도 데치고 난 물은 그냥 버리는 것이 낫습니다.

핏물 빼기, 우리기

고기는 핏물을 빼고, 쓴맛이 나는 채소는 물에 우려냅니다. 소고기를 다져서 핏물을 뺄 때는, 10분 안팎으로 담가 두면 됩니다. 너무 오래 둘 필요는 없어요. 핏물을 적게 빼면 비릿한 맛이 나서 아기가 싫어할 수 있지만, 너무 오래 두면 영양소가 많이 나가고 퍽퍽하게 됩니다. 좋은 고기라면 헹구듯 하는 정도여도 괜찮습니다.

고들빼기처럼 쓴맛이나 아린맛을 빼려고 나물을 물에 담가 우릴 때는 한 이틀쯤 넉넉하게 담가 두세요. 물에 우리는 시간을 줄이려면 물을 자주 갈아 주면 됩니다. 나물거리는 고기처럼 금세 영양분이 빠져나가지는 않아요.

볶기

이유식을 하면서는 무언가를 볶을 일이 많지 않아요. 고기나 전복 같은 해산물 정도입니다. 아기가 어릴 때는 찌거나 데쳐서 익힐 수 있다면 볶는 것은 조금 뒤로 미루세요. 당근이나 가지는 기름에 볶는 것이 맛이 좋고, 영양소를 섭취하기에도 낫지만, 그런 것도 급한 것은 아니니까요.

특히 기름을 두르고 볶는 것은 냉압착식 올리브유 말고는 쓰지 않는 게 좋습니다. 좋은 기름을 구하는 게 너무 어렵거든요. 콩기름은 거의 모두 GMO 콩을 써요. 유채유, 옥수수유, 면화유도 GMO 작물일 가능성이 높지요. 냉압착식으로 짜낸 기름이 아니라면 화학 용매를 써서 기름을 추출해 냅니다. 예전에는 기름이 귀했어요. 다 그만한 까닭이 있답니다.

으깨기

감자나 고구마, 호박 같은 것은 늘 곁에 두고 먹기에 좋은 음식들이에요. 푹 쪄서 먹이면 아기에게도 좋지요. 으깨는 도구는 하나쯤 있으면 편합니다. 나중에 아이들 간식 할 때도 두고두고 쓰이지요. 물론 조금 큰 포크 같은 것을 써도 어렵지 않아요.

으깬 재료는 아기에게 조금씩 바로 먹이기에도 좋아요. 아기가 덩어리진 음식을 받아들이는 연습을 할 수 있지요.

맛국물 이렇게 만드세요

맛국물은 주재료의 맛을 살리면서 포근히 어우러지도록 하는 것이 중요합니다. 아기가 이유식을 몇 번 먹어 본 다음에는 맹물 대신 맛국물로 이유식을 만들어 주세요. 어른들 음식을 할 때에도 맛국물을 쓰면 맛이 훨씬 풍성하고 좋아지지요. 한 번 끓일 때 재료를 많이 넣고 끓여야 국물 맛이 더 좋아집니다. 그러니 되도록 넉넉히 끓여 두고 여러 음식에 써 보세요.

여기에서는 기본이 되는 재료들만 적어 두었지만, 적당한 제철 재료와 식구들 입맛에 맞는 재료들을 때에 맞춰 넣고 빼고 하면서 끓이면 됩니다. 맛이 충분히 우러날 수 있도록 끓여 주세요. 다른 간을 하지 않는 대신 맛국물만 한 숟갈 맛을 봐도 감칠맛이 날 수 있도록 합니다. 여기에는 채소, 고기, 해산물을 나눠 놓았지만, 후기, 완료기로 가면 섞어서 국물을 내는 게 오히려 나을 수도 있어요.

말린 버섯이나 조개 같은 것도 맛국물을 내는 데에 좋은 재료들이지요. 맛국물만큼은 어른 입맛에 맞춰서 만들어 놓고 써도 괜찮아요. 아기는 어른들이 해 놓은 맛국물을 함께 먹으면서 식구들이 좋아하는 음식, 입맛 같은 것을 몸에 익히게 되지요.

그리고, 무엇보다 아주 어린 아기들도 맛있는 것을 좋아해요. 젖만 먹던 아기라고 해도, 이유식을 시작하면, 얼마 되지 않아서부터 맛있는 것을 찾습니다. 흔히 말하는 '손맛', '불맛' 이런 것도 알아차리니까요. 신선하고 건강한 재료로 만든 맛국물이 있으면 아기가 이유식을 먹는 것도 더 즐거워질 겁니다.

01 채소 맛국물

무, 파, 양파, 양배추, 당근

02 소고기 맛국물

소고기, 무, 양파

03 해산물 맛국물

새우, 멸치, 무, 다시마

01　　　　　　　　　　02　　　　　　　　　　03

이유식은 체온 정도의 온도로 중탕해 주세요

이유식은 조리해서 바로 먹이기가 쉽지 않습니다. 한 끼 분량이 너무 적다 보니 아무래도 여러 끼 먹을 양을 한 번에 만들게 되니까요. 이삼 일 안에 먹일 거라면 냉장 보관을, 그 이상 둔다면 아기가 한 끼 먹을 만큼씩 덜어 냉동 보관 하세요. 먹이기 직전에 녹여서 중탕하면 되지요.

이유식은 아기가 델 만큼 뜨거워서도 곤란하지만 너무 차가워도 안 된답니다. 차가운 음식은 풍미도 떨어질뿐더러 아기 몸에 불필요한 부담을 지울 수 있답니다. 몸속으로 들어온 차가운 음식을 우리 몸이 소화·흡수시키려면 다시 에너지를 써서 피처럼 따뜻하게 데워야 하거든요. 엄마 젖이 체온과 비슷한 온도인 데에는 다 그만한 까닭이 있겠지요?

이유식을 데울 때는 끓는 물에 중탕하는 것이 좋아요. 물이 팔팔 끓고 있는 냄비에 아기 먹을 이유식이 담긴 그릇을 넣고 잘 저어 줍니다. 냄비의 물은 그릇이 반쯤 잠길 만큼이 적당해요.

집에 전자렌지가 있다면, 바쁠 때 자꾸 쓰게 되지요. 하지만, 전자렌지는 권하고 싶은 조리 기구는 아니에요. 전자파 때문에 아기 음식을 전자렌지에 데우지 말라는 충고를 하는 사람들이 있어요. 중탕이 번거롭다면, 밥통에 한동안 넣어 놓는 것도 방법입니다.

이 책의 조리법을 볼 때 참고하세요

- 쌀은 불리지 않은 상태를 기준으로 무게를 쟀습니다.

- 쌀 10g은 밥 25g 정도입니다. 보미나 묽은죽은 쌀을 기준으로 재료를 적었지만, 밥을 지은 다음, 으깨어서 조리하셔도 괜찮아요.

- 맛국물을 쓰도록 되어 있을 때에도, 미리 준비한 맛국물이 없다면 맹물로 끓여도 됩니다.

- 책에는 한 끼 분량을 적어 놓았습니다. 한 번에 조리하기에는 양이 너무 적을 수 있어요. 여러 끼 양을 만들어서, 나누어 보관했다가 주셔도 괜찮습니다.

- 재료의 비율은 조금씩 달라져도 됩니다. 어른 음식 할 때만큼은 아니더라도, 아기가 먹는 것을 살피면서, 좋아하는 재료를 조금 더 넣는다거나, 조금씩 되직하게 끓인다거나 하셔도 괜찮아요.

- 곡류나 콩류, 말린 나물을 불리는 시간은 조리 시간에 넣지 않았습니다. 조리법을 살펴 미리 불려 놓아 주세요.

- 간을 맞추는 양념은 따로 양을 적지 않았어요. 한 자밤씩 넣어 가면서 입맛에 맞게 조절하면 됩니다.

봄

보미 | 묽은죽 | 옹근죽 | 진밥 | 국과 반찬

봄에 이유식을 시작하는 아기는 갓 돋아나는 나물 향이나 제
철 맞은 갯내음을 맡게 되겠지요.

아직 밭에 심은 것이 쏟아져 나올 때는 아니에요. 이제 막 씨
를 뿌리고 모종을 내는 시기이니까요. 대신 땅바닥에 찰싹 달
라붙어 겨울을 난 시금치나 봄동, 냉이 같은 봄나물, 보드라
운 나무 순, 아직 차가운 바닷물에서 건진 바다나물이나 갯것
이 한창 나옵니다. 겨울을 난 보리순, 밀싹도 조금씩 베어 먹
을 수 있지요. 대숲에서는 죽순이 올라오고, 찬물을 견딘 연
근을 거두는 것도 이 무렵입니다. 그리고 나면 밭에 뿌려서 배
게 자라는 어린 잎채소를 솎아 먹기 시작하지요.

양배추보미

쌀 10g
양배추 15g
물 150ml

01 불린 쌀을 곱게 갑니다.
02 양배추는 데쳐서 곱게 갈아 둡니다.
03 냄비에 곱게 간 쌀과 물을 넣고 센 불에서 저어 가며 끓입니다.
04 물이 한 번 끓어오르면 양배추를 넣고 불을 줄여서 원하는 묽기가 될 때까지 끓입
    니다.
05 체에 주걱으로 눌러 가며 거릅니다. 아기가 조금 익숙해지면 거르지 않고 먹이기 시
    작합니다.

• 양배추를 쓸 때는 딱딱한 심을 떼어 내고 잎 부분을 씁니다. 양배추 데친 물은 그냥
  버리세요. 질소화합물이 녹아 있을 수 있거든요. 다른 채소를 데쳤을 때에도, 채소를
  데친 물은 버리는 게 낫습니다.
• 변비가 와 아기가 똥을 잘 못 누는 듯하다면 양배추보미가 좋습니다. 남은 양배추는
  채 썰어 마요네즈에 버무리거나, 데쳐서 간장을 곁들여 어른 밥상에 놓으면 되지요.

봄동보미

초기 | 15분

쌀 10g
봄동 15g
물 150ml

01 불린 쌀을 곱게 갑니다.
02 봄동은 끓는 물에 데친 다음 곱게 갑니다.
03 냄비에 쌀과 물을 넣고 센 불에서 저어 가며 끓입니다. 물이 한 번 끓어오르면 봄동을 넣고 불을 줄인 뒤 원하는 묽기가 될 때까지 끓입니다.
04 체에 주걱으로 눌러 가며 거릅니다.

- 보미에 넣는 봄동은 부드러운 잎 부분을 쓰는 게 좋아요. 이유식 초기에는 아무래도 소화시키는 힘이 약하기 때문에 봄동을 데칠 때 나물거리를 할 때처럼 살짝 데치지 말고, 푹 익혀서 쓰세요.
- 남은 봄동은 겉절이를 해서 밥상에 올려 보세요. 잔뜩 움츠린 채 겨울을 난 봄동은 맛이 달고 부드럽지요.
- 봄동은 비타민이 풍부해 면역력을 기르는 데 도움이 된답니다. 섬유질도 많아서 위나 장 건강에도 좋지요.

연근고구마보미

초기 | 20분

쌀 10g
연근 10g
고구마 20g
물 180ml

01 불린 쌀을 곱게 갑니다.
02 연근은 삶아서 갈고 고구마는 쪄서 곱게 으깹니다.
03 냄비에 쌀과 물을 넣고 센 불에서 저어 가며 끓입니다. 물이 한 번 끓어오르면 연근과 고구마를 넣고 불을 약하게 줄인 뒤 원하는 묽기가 될 때까지 끓입니다.
04 체에 주걱으로 눌러 가며 거릅니다.

- 남은 연근으로 어른 죽을 쑤어 먹어도 맛있답니다. 아기도 고구마를 넣지 않고 연근만으로 보미를 쑤어도 좋아합니다. 어른 죽을 쑬 때는 연근을 갈아서 참기름과 간장을 넣고 볶다가 불린 쌀과 물을 넣고 쌀알이 익을 때까지 잘 저어 주세요.
- 연근에는 비타민C와 철분이 많아 빈혈 예방에 좋아요.

비타민당근보미

초기 | 20분

쌀 10g
비타민(다채) 10g
당근 5g
물 150ml

01 불린 쌀을 곱게 갑니다.
02 당근은 껍질을 벗겨 끓는 물에 삶습니다.
   충분히 물러지면 꺼내서 으깨어 둡니다.
03 비타민은 데친 뒤 곱게 다집니다.
04 냄비에 쌀과 물을 넣고 센 불에서 저어 가며
   끓입니다. 물이 한 번 끓어오르면 당근과
   비타민을 넣고 불을 약하게 줄인 뒤 원하는
   묽기가 될 때까지 끓입니다.
05 체에 주걱으로 눌러 가며 거릅니다.

• 비타민은 집에서 상추하고 같이 길러 보세요.
  잘 자라는 편이라 조금씩 필요할 때 뜯어 먹
  기에 좋아요.
• 당근과 비타민 모두 비타민A가 넉넉합니다.

연두부닭고기보미

초기 | 20분

쌀 10g
닭가슴살 20g
연두부 10g
물 150ml

01 불린 쌀을 곱게 갑니다.
02 닭가슴살은 끓는 물에 푹 익힌 다음 곱게 다
   집니다.
03 냄비에 쌀과 물을 넣고 센 불에서 저어 가며
   끓입니다. 물이 한 번 끓어오르면 닭가슴살과
   연두부를 넣고 불을 약하게 줄인 뒤 원하는
   묽기가 될 때까지 끓입니다.
04 체에 주걱으로 눌러 가며 거릅니다.

• 연두부는 부드럽고 맛이 강하지 않아 좋은 초
  기 이유식 재료랍니다. 아기가 커 가면 차츰 두
  부나 비지도 아기 밥상에 올릴 수 있지요.

소고기보미

쌀 10g
소고기 15g
물 150ml

01 불린 쌀을 곱게 갑니다.
02 소고기는 핏물을 빼고 잘게 다져 볶은 뒤 곱
    게 갑니다.
03 냄비에 쌀과 물, 소고기를 넣고 센 불에서 저어
    가며 끓입니다. 한 번 끓어오르면 불을 줄인
    뒤 원하는 묽기가 될 때까지 끓입니다.
04 체에 주걱으로 눌러 가며 거릅니다.

• 다진 소고기를 샀다면 살짝 헹구듯 핏물을 빼
  고 볶은 뒤 곱게 갑니다.
• 체에 거르고 남은 소고기가 제법 된다면 조물조
  물 간해서 주먹밥을 만들어 보세요.

흰살생선시금치묽은죽

중기 | 30분

쌀 20g
달고기 10g
시금치 15g
양파 5g
당근 3g
맛국물 200ml

01 쌀을 불려서 갈아 놓거나, 밥을 지어서 으깨어 놓습니다.

02 달고기는 가시를 발라 끓는 물에 살짝 데친 뒤 잘게 다집니다.

03 시금치도 살짝 데쳐서 잘게 다집니다.

04 양파, 당근은 껍질을 벗기고 잘게 다집니다.

05 냄비에 쌀과 달고기, 양파, 당근, 맛국물을 넣고 센 불에서 주걱으로 저어 가며 끓
   이다가, 끓어오르면 약한 불로 줄여 시금치를 넣고 쌀알이 퍼질 때까지 끓입니다.

• 시금치를 씻을 때는 물에 푹 담가서 흔들어 씻어 주세요. 시금치 같은 푸른 잎채소는
  살짝 데친 다음 찬물로 헹구고, 물기를 짜냅니다.

• 흰살생선은 달고기 대신 대구나 도미 같은 생선을 써도 괜찮아요.

봄동새송이묽은죽

중기 | 25분

쌀 22g
새송이버섯 15g
봄동 5g
맛국물 200ml

01 쌀을 불려서 갈아 놓거나, 밥을 지어서 으깨어 놓습니다.

02 새송이버섯은 삶아서 잘게 다집니다.

03 봄동도 살짝 데쳐서 잘게 다집니다.

04 냄비에 맛국물과 쌀을 넣고 센 불에서 주걱으로 저어 가며 끓이다가, 끓어오르면 약한 불로 줄여 새송이버섯과 봄동을 넣고 쌀알이 퍼질 때까지 끓입니다.

미나리두부묽은죽

중기 | 25분

쌀 22g
미나리 10g
두부 15g
맛국물 200ml

01 쌀을 불려서 갈아 놓거나, 밥을 지어서 으깨어 놓습니다.

02 미나리는 연한 줄기만 깨끗이 씻어 끓는 물에 살짝 데친 뒤 찬물에 헹궈 잘게 다집니다.

03 두부는 끓는 물에 1분 정도 데쳐서 곱게 으깹니다.

04 냄비에 쌀과 맛국물을 넣고 센 불에서 주걱으로 저어 가며 끓이다가, 끓어오르면 약한 불로 줄여 두부, 미나리를 넣고 쌀알이 퍼질 때까지 끓입니다.

소고기브로콜리묽은죽

중기 | 30분

쌀 20g
찹쌀 10g
소고기 20g
브로콜리 15g
양파 5g
맛국물 200ml

01 쌀을 불려서 갈아 놓거나, 밥을 지어서 으깨어
   놓습니다.
02 소고기는 핏물을 뺀 뒤 잘게 다져 볶습니다.
03 찹쌀은 불려서 곱게 갈아 둡니다.
04 브로콜리는 꽃송이 부분만 골라 푹 데친 뒤
   잘게 다집니다.
05 양파는 껍질을 벗기고 잘게 다집니다.
06 냄비에 쌀과 찹쌀, 소고기, 맛국물을 넣고 센
   불에서 주걱으로 저어 가며 끓이다가, 끓어오
   르면 약한 불로 줄여 브로콜리를 넣고 쌀알이
   퍼질 때까지 끓입니다.

• 소고기를 볶을 때 양파즙을 넣어도 좋습니다.
  누린내가 사라지고, 고기가 부드러워지지요.
• 양파는 아기들 소화를 돕기도 한답니다.

닭고기연근묽은죽

중기 | 25분

쌀 20g
닭가슴살 20g
연근 15g
맛국물 200ml

01 쌀을 불려서 갈아 놓거나, 밥을 지어서 으깨어
   놓습니다.
02 닭가슴살은 끓는 물에 푹 익힌 다음 잘게 다
   집니다.
03 연근은 껍질을 벗겨 삶아서 잘게 다집니다.
04 냄비에 쌀과 닭가슴살, 맛국물을 넣고 센 불
   에서 주걱으로 저어 가며 끓이다가, 끓어오르
   면 약한 불로 줄여 연근을 넣고 쌀알이 퍼질
   때까지 끓입니다.

• 연근을 데칠 때 식촛물을 조금 섞으면 누렇게
  변하지 않아요.

소고기봄동묽은죽

중기 | 25분

쌀 22g
소고기 20g
봄동 10g
맛국물 200ml

01 쌀을 불려서 갈아 놓거나, 밥을 지어서 으깨어
놓습니다.
02 소고기는 핏물을 뺀 뒤, 잘게 다져 볶습니다.
03 봄동은 살짝 데쳐 잘게 다집니다.
04 냄비에 쌀과 소고기, 맛국물을 넣고 센 불에
서 주걱으로 저어 가며 끓이다가, 끓어오르면
약한 불로 줄여 봄동을 넣고 쌀알이 퍼질 때
까지 끓입니다.

연근감자묽은죽

중기 | 30분

쌀 20g
감자 15g
연근 15g
참깨 3g
맛국물 200ml

01 쌀을 불려서 갈아 놓거나, 밥을 지어서 으깨어
놓습니다.
02 감자는 껍질을 벗겨 쪼갠 뒤 쪄서 으깹니다.
03 연근은 껍질을 벗겨 삶아서 잘게 다집니다.
04 참깨를 곱게 빻습니다.
05 냄비에 쌀과 감자, 맛국물을 넣고 센 불에서
주걱으로 저어 가며 끓이다가, 끓어오르면 약
한 불로 줄여 연근과 참깨를 넣고 쌀알이 퍼
질 때까지 끓입니다.

• 찐 감자가 남았다면 으깬 뒤 마요네즈에 버무려
샐러드를 만들어 보세요. 시간이 넉넉하다면 오
이나 당근처럼 사각거리는 채소를 썰어 넣거나
삶은 달걀을 으깨어 넣어도 좋지요.

소고기취나물옹근죽

후기 | 25분

쌀밥 65g
소고기 30g
취나물 15g
양파 5g
맛국물 400ml

01 소고기는 핏물을 뺀 뒤, 잘게 다져 볶습니다.

02 취나물은 끓는 물에 데쳐 잎 부분만 다집니다.

03 양파는 잘게 다져서 살짝 볶습니다.

04 냄비에 미리 지어 둔 밥과 맛국물을 넣고 센 불에서 주걱으로 저어 가며 끓이다가, 끓어오르면 약한 불로 줄여 소고기와 양파를 넣고 쌀알이 퍼질 때까지 끓입니다.

05 마지막에 취나물을 넣고 한소끔 더 끓입니다.

- 취나물은 데친 뒤 한동안 물에 담가 두면 아린 맛이 우러난답니다. 칼슘이 풍부한 음식이에요.
- 취나물과 멸치도 꽤 잘 어울립니다. 아이가 좀 크면 취나물멸치주먹밥을 만들어 주셔도 좋지요.

돼지감자버섯옹근죽

후기 | 25분

쌀밥 60g
돼지감자 20g
느타리버섯 20g
새송이버섯 20g
당근 3g
맛국물 400ml

01 돼지감자는 껍질을 벗겨 썻은 뒤 다집니다.
02 느타리버섯, 새송이버섯, 당근도 썻어서 다집
    니다.
03 냄비에 밥과 돼지감자, 맛국물을 넣고 센 불
    에서 주걱으로 저어 가며 끓이다가, 끓어오르
    면 느타리버섯, 새송이버섯을 넣고 약한 불로
    줄여 쌀알이 퍼질 때까지 끓입니다.

• 남은 돼지감자는 간장에 조려도 맛있답니다. 간
  단히 밥 지을 때 함께 쪄서 먹어도 맛이 좋아요.

시금치깨두부옹근죽

후기 | 20분

쌀밥 65g
두부 25g
시금치 15g
참깨 3g
맛국물 400ml

01 시금치는 끓는 물에 살짝 데쳐서 다집니다.
02 참깨를 빻아 두고, 두부를 대충 으깹니다.
03 냄비에 밥과 맛국물을 넣고 센 불에서 주걱
    으로 저어 가며 끓이다가, 끓어오르면 두부와
    시금치, 참깨를 넣고 약한 불로 줄여 쌀알이
    퍼질 때까지 끓입니다.

소고기고사리옹근죽

후기 | 20분

쌀밥 65g
소고기 30g
불린 고사리 15g
양파 5g
맛국물 400ml

01 소고기는 핏물을 뺀 뒤, 잘게 다져 볶습니다.
02 불린 고사리는 흐르는 물에 잘 씻어서 다집니다.
03 양파는 껍질을 벗겨서 다집니다.
04 냄비에 밥과 맛국물을 넣고 센 불에서 주걱으로 저어 가며 끓이다가, 끓어오르면 약한 불로 줄여 소고기와 고사리, 양파를 넣고 쌀알이 퍼질 때까지 끓입니다.

흰살생선냉이옹근죽

후기 | 30분

쌀밥 60g
달고기 15g
냉이 10g
무 20g
양파 5g
맛국물 450ml

01 달고기는 가시를 발라 끓는 물에 살짝 데친 뒤 다집니다.
02 냉이는 살짝 데쳐서 다집니다.
03 무와 양파는 껍질을 벗겨서 다집니다.
04 냄비에 밥과 무, 맛국물을 넣고 센 불에서 주걱으로 저어 가며 끓이다가, 끓어오르면 흰살생선과 냉이, 무, 양파를 넣고 약한 불로 줄여 쌀알이 퍼질 때까지 끓입니다.

• 흰살생선과 냉이 따위가 남았다면 쌀뜨물에 된장을 풀어 넣고 국을 끓여 보세요.

닭고기참나물옹근죽

후기 | 25분

쌀밥 65g
닭가슴살 25g
참나물 15g
감자 20g
양파 5g
맛국물 450ml

01 닭가슴살은 끓는 물에 푹 익힌 다음 다집니
다.
02 감자와 양파는 껍질을 벗기고 다집니다.
03 참나물은 깨끗이 씻은 후 다집니다.
04 냄비에 밥과 감자, 맛국물을 넣고 센 불에서
주걱으로 저어 가며 끓이다가, 끓어오르면 닭
고기와 양파, 참나물을 넣고 약한 불로 줄여
쌀알이 퍼질 때까지 끓입니다.

죽순고구마홍미옹근죽

후기 | 20분

쌀밥 60g
고구마 35g
삶은 죽순 20g
홍미 5g
맛국물 400ml

01 홍미는 물에 불렸다가 갈아 놓습니다.
02 죽순은 흐르는 물에 씻어 다지고 고구마는 끓
는 물에 삶아서 으깹니다.
03 냄비에 밥과 홍미, 맛국물을 넣고 센 불에서
주걱으로 저어 가며 끓이다가, 끓어오르면 고
구마와 죽순을 넣고 약한 불로 줄여 쌀알이
퍼질 때까지 끓입니다.

• 죽순과 고구마 모두 아기들이 변비일 때 먹으면
좋은 음식입니다.
• 생죽순은 껍질을 벗긴 뒤 쌀뜨물에 삶으면 떫은
맛이 없어져요.
• 홍미와 같은 유색미는 멥쌀보다 오래 불려야 부
드러워집니다. 아예 하룻밤 물에 담가 두었다가
갈면 좋지요.

재첩새송이버섯진밥

쌀밥 60g
홍미 5g
재첩(익힌 조갯살) 25g
새송이버섯 20g
양파 5g
맛국물 350ml

01 홍미는 물에 불려서 갈아 놓습니다.

02 새송이버섯과 양파를 새끼손톱 크기로 썰고, 재첩은 한 번 익힌 것을 다집니다.

03 냄비에 미리 지어 둔 밥과 맛국물, 새송이버섯, 양파를 넣고 끓이다가, 끓어오르면
    약한 불로 줄여 재첩을 넣고 뜸을 들입니다.

• 재첩은 날것을 구하면 민물에 해감을 한 뒤 끓여야 합니다. 해감을 해서 국을 끓여 놓
  은 것을 구해서 쓰면 편하지요.

• 재첩 알맹이가 남았다면 초무침을 해 보세요. 갖은 채소를 넣고 초장에 버무리면 엄
  마 아빠를 위한 별미가 됩니다.

소고기배추쑥갓진밥

완료기 | 25분

쌀밥 60g
소고기 30g
배추 20g
양배추 10g
쑥갓 10g
맛국물 350ml

01 소고기는 핏물을 뺀 뒤, 볶아서 잘게 다집니
    다.
02 배추와 양배추는 부드러운 부분을 씻어서 잘
    게 다집니다.
03 쑥갓은 깨끗이 씻어 잘게 다집니다.
04 냄비에 밥과 맛국물, 소고기를 넣고 끓이다
    가, 끓어오르면 배추와 양배추, 쑥갓을 넣고
    약한 불로 줄여 끓입니다.

• 양배추는 봄과 가을에 나오지만, 봄에 나오는
  것이 조금 더 부드럽습니다. 아기들 먹기에도 더
  좋지요.

닭고기연근진밥

완료기 | 20분

쌀밥 60g
닭가슴살 30g
연근 25g
맛국물 300ml

01 닭가슴살은 끓는 물에 푹 익힌 다음 조그맣게
    깍둑썰기 합니다.
02 연근도 끓는 물에 삶아서 다집니다.
03 냄비에 밥과 맛국물, 닭고기와 연근을 넣고
    끓이다가, 끓어오르면 약한 불로 줄여 뜸을
    들입니다.

• 연근을 삶을 때 식초를 몇 방울 넣으면 너무 물
  러지지 않고 떫은맛이 줄어듭니다.

소고기나물진밥

완료기 | 25분

쌀밥 60g
소고기 30g
불린 고사리 15g
취나물 15g
당근 5g
양파 5g
맛국물 300ml

01 소고기는 핏물을 뺀 뒤, 잘게 다져 볶습니다.
02 불린 고사리는 물기를 꼭 짜내고 새끼손톱 크기르 다집니다.
03 취나물도 송송 썰어 둡니다.
04 당근과 양파는 껍질을 벗기고 새끼손톱 크기로 썹니다.
05 냄비에 밥, 맛국물, 소고기, 당근, 양파를 넣고 끓이다가, 끓어오르면 고사리와 취나물을 넣고 약한 불로 줄여 끓입니다.

• 고사리와 취나물은 봄기운이 가득 담긴 산나물입니다. 대가 통통하고 긴 것은 밭에서 비료를 써서 기른 것이기 쉬워요. 대가 가늘고 짧은 산고사리가 맛이 더 좋지요.
• 생고사리는 소금을 조금 넣고 데친 뒤 찬물에 담가 하루 정도 우려서 쓰세요. 그렇게 손질한 고사리를 조금씩 나누어 냉동실에 넣어 두면 필요할 때 꺼내 쓰기 편하답니다.

마늘종버섯볶음밥

완료기 | 25분

쌀밥 60g
마늘종 20g
만가닥버섯 25g
새송이버섯 20g
이슬송이버섯 15g
당근 5g
양파 5g
올리브유

01 마늘종은 새끼손톱 길이로 쫑쫑 썹니다.
02 만가닥버섯과 새송이버섯, 이슬송이버섯도 비슷한 크기로 썰어 둡니다.
03 양파와 당근은 껍질을 벗기고 새끼손톱 크기로 썹니다.
04 팬에 기름을 두르고 양파를 먼저 볶습니다. 양파가 조금 투명해지면, 당근과 마늘종을 넣습니다. 조금 뒤 버섯과 밥을 넣고 골고루 볶습니다.

• 만가닥버섯이 없다면 느타리버섯이나 싱싱한 다른 버섯을 대신 넣어도 되지요.

톳버섯진밥

완료기 | 25분

쌀밥 60g
톳 25g
만가닥버섯 20g
팽이버섯 20g
새송이버섯 15g
양파 5g
맛국물 350ml

01 톳은 씻어서 살짝 데친 다음 다집니다.
02 만가닥버섯과 새송이버섯, 팽이버섯은 작게
   썹니다.
03 양파는 껍질을 벗겨 다집니다.
04 냄비에 밥과 맛국물, 버섯, 양파를 넣고 센 불
   에서 주걱으로 저어 가며 끓이다가, 끓어오르
   면 약한 불로 줄여 톳을 넣고 뜸을 들입니다.

돼지고기양배추진밥

완료기 | 30분

쌀밥 60g
돼지 안심 30g
양파 10g
양배추 25g
당근 5g
맛국물 350ml

01 돼지고기는 핏물을 뺀 뒤 작게 깍둑썰기 해
   볶아 둡니다.
02 양파와 당근, 양배추는 껍질을 벗겨 새끼손톱
   크기로 썹니다.
03 냄비에 밥과 맛국물, 돼지고기, 양파, 당근, 양
   배추를 넣고 센 불에서 주걱으로 저어 가며
   끓이다가, 끓어오르면 약한 불로 줄여 뜸을
   들입니다.

• 돼지고기는 소화·흡수가 쉽고, 미네랄이 풍부
  해서 자라나는 아이들에게 좋은 재료랍니다. 볶
  을 때 양파즙에 볶으면 한결 맛이 깔끔합니다.
• 돼지고기 삶은 물은 거품을 걷어 내고 육수로
  써도 됩니다.

콩나물불고기

반찬 | 25분

소고기 50g
콩나물 70g
새송이버섯 40g
양파 40g
당근 20g
참깨 · 간장 · 설탕 · 다진 마늘 · 쪽파
물 80ml

01 소고기는 핏물을 뺀 뒤, 조그맣게 썹니다.
02 간장과 설탕, 다진 마늘을 섞은 양념장에 고기를 재워 둡니다.
03 당근과 양파는 껍질을 벗기고 채 썹니다.
04 콩나물과 새송이버섯은 깨끗이 씻어 적당한 크기로 잘라 둡니다.
05 팬에 양파와 당근을 먼저 넣고 볶습니다. 물기가 살짝 나오면 고기와 콩나물, 버섯
    을 넣고 마저 볶아 익힙니다. 그릇에 담아서, 쪽파와 깨를 뿌려 줍니다.

버섯고사리무침

반찬 | 15분

불린 고사리 45g
느타리버섯 50g
팽이버섯 70g
당근 15g
양파 20g
다진 마늘 · 참기름 · 간장 · 참깨 · 소금
맛국물 50ml

01 불린 고사리는 숭숭 썰어 놓습니다.
02 느타리버섯은 잘게 찢어 둡니다. 팽이버섯은
   밑동을 잘라 내고 손가락 한 마디 크기로 썹
   니다.
03 양파, 당근은 채를 썹니다.
04 팬에 기름을 두르고 고사리를 볶습니다. 양
   파, 당근, 느타리버섯, 팽이버섯을 차례로 넣
   어 볶다가 간장과 다진 마늘, 참깨로 양념을
   합니다.

• 느타리버섯은 볶기 전에 끓는 물에 살짝 데쳐서
  넣어도 좋습니다.

우럭된장쑥국

국 | 15분

우럭 조갯살 45g
쑥 40g
된장 20g
참기름 · 쌀가루
맛국물 150ml

01 냄비에 참기름을 살짝 두른 뒤 우럭 조갯살을
   다져 달달 볶습니다.
02 우럭이 설핏 익으면 맛국물을 붓고 쌀가루와
   된장을 풀어 줍니다.
03 끓어오르면 씻어 놓은 어린 쑥을 넣고 한소끔
   끓입니다.

• 우럭은 하동과 남해 갯벌에서 많이 나는 조개
  입니다. 구하기 어렵다면 바지락 같은 조개를 대
  신 넣어도 되지요.
• 쑥이 조금 센 듯하다면 절구에 콩콩 찧어 주세
  요. 식감도 부드러워지고 향도 살아납니다.
• 쌀가루를 넣는 대신 쌀뜨물을 써도 된답니다.

산골아이육개장

국 | 30분

숙주나물 60g
소고기 50g
불린 고사리 40g
양파 20g
쪽파 10g
다진 마늘·참기름·간장
맛국물 150ml

01 소고기는 핏물을 뺀 뒤, 작게 깍둑썰기 합니
    다.
02 불린 고사리와 숙주나물은 손가락 한 마디 길
    이르 썹니다.
03 양파와 쪽파는 껍질을 벗겨 송송 썰어 둡니다.
05 냄비에 쪽파를 뺀 모든 재료를 넣고 충분히
    맛이 어우러질 때까지 푹 끓입니다.
06 마지막에 쪽파를 넣어 마무리합니다.

버섯고사리무침
우럭된장쑥국
산골아이육개장

소고기미역국

미역 40g
소고기 30g
간장·마늘
맛국물 150ml

01 소고기는 핏물을 뺀 뒤, 작게 깍둑썰기 합니다.

02 미역은 물에 불렸다가 잘게 잘라 둡니다.

03 냄비에 맛국물과 소고기, 간장을 넣고 센 불로 끓입니다. 끓어오르면 미역과 다진
    마늘을 넣고 약한 불에서 조금 더 끓여 마무리합니다.

• 소고기 대신 바지락이나 표고버섯을 넣어 미역국을 끓여도 맛있지요.

바지락시금치된장국

국 | 15분

바지락 살 50g
시금치 60g
양파 20g
무 30g
다진 마늘 · 표고 가루 · 된장
맛국물 150ml

01 바지락 살은 살짝 헹궈 물기를 뺀 다음 다져
    주세요.
02 시금치는 숭숭 썰어 놓습니다.
03 냄비에 된장과 물, 표고 가루를 넣고 끓입니
    다.
04 물이 끓어오르면 바지락을 넣고 끓입니다. 바
    지락이 익으면 시금치와 나머지 재료를 넣고
    한소끔 더 끓여서 완성합니다.

• 바지락을 해감시킬 때는 바닷물만큼 짠 물에 담
  가 주세요. 체에 받쳐서 물에 담그면 모래를 다
  시 삼키지 않아서 좋지요. 어두운 곳에 두어야
  더 해감이 잘됩니다.

잔멸치볶음

반찬 | 15분

잔멸치 65g
양파 20g
마늘 · 참깨 · 조청 · 맛국물 · 올리브유

01 양파는 껍질을 벗기고 얇게 채 썹니다.
02 마늘은 껍질을 벗겨 다집니다.
03 팬에 기름을 두르고 마늘을 볶다가, 잔멸치를
    넣고 더 볶습니다.
04 맛국물을 조금 붓고 양파를 넣어서 볶습니다.
05 조청으로 간을 맞춘 다음, 참깨를 뿌리고 마
    무리합니다.

• 멸치는 견과류나 마늘종과 함께 볶아도 좋답니
  다. 쉽고 작은 변화지만 아기들의 호기심을 끌기
  엔 충분할 거예요.
• 조청이 없다면 유기농 설탕이나 꿀을 대신 넣어
  도 됩니다.

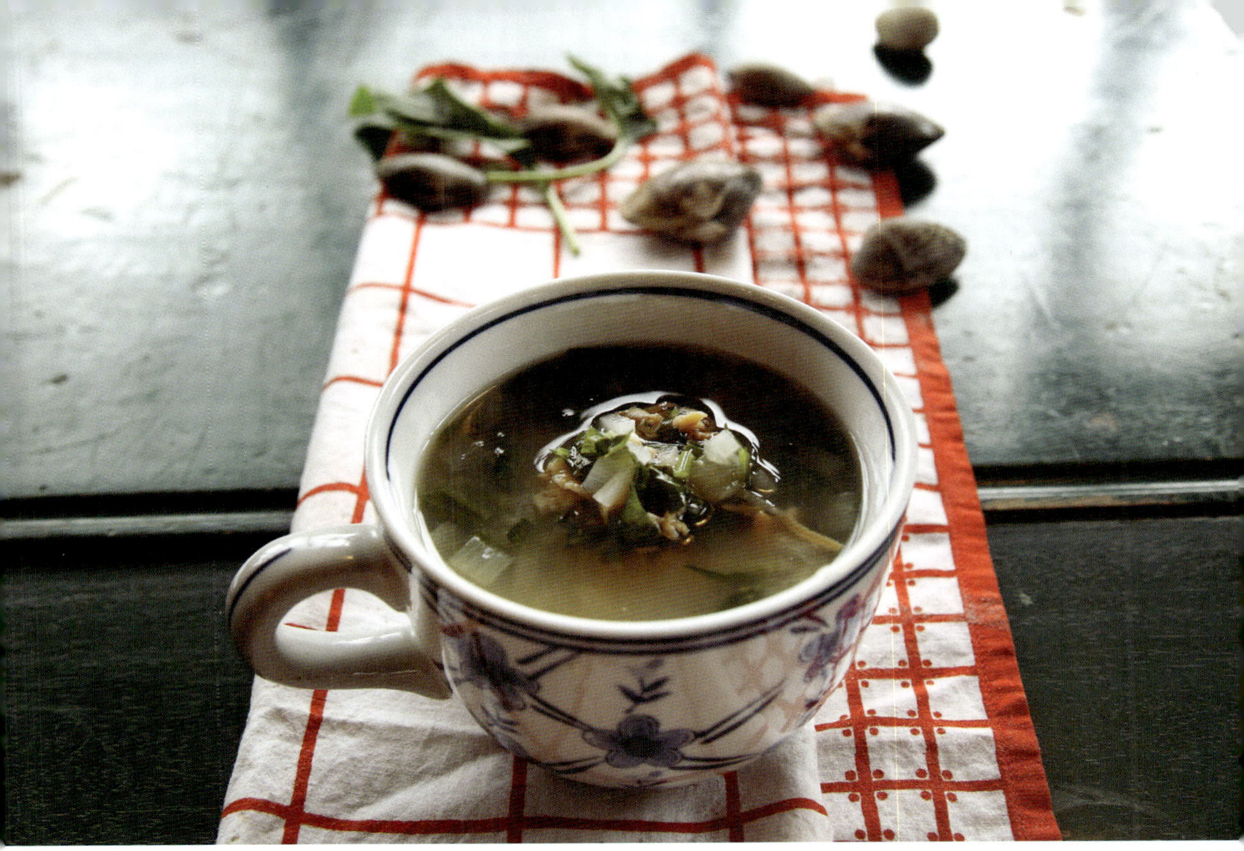

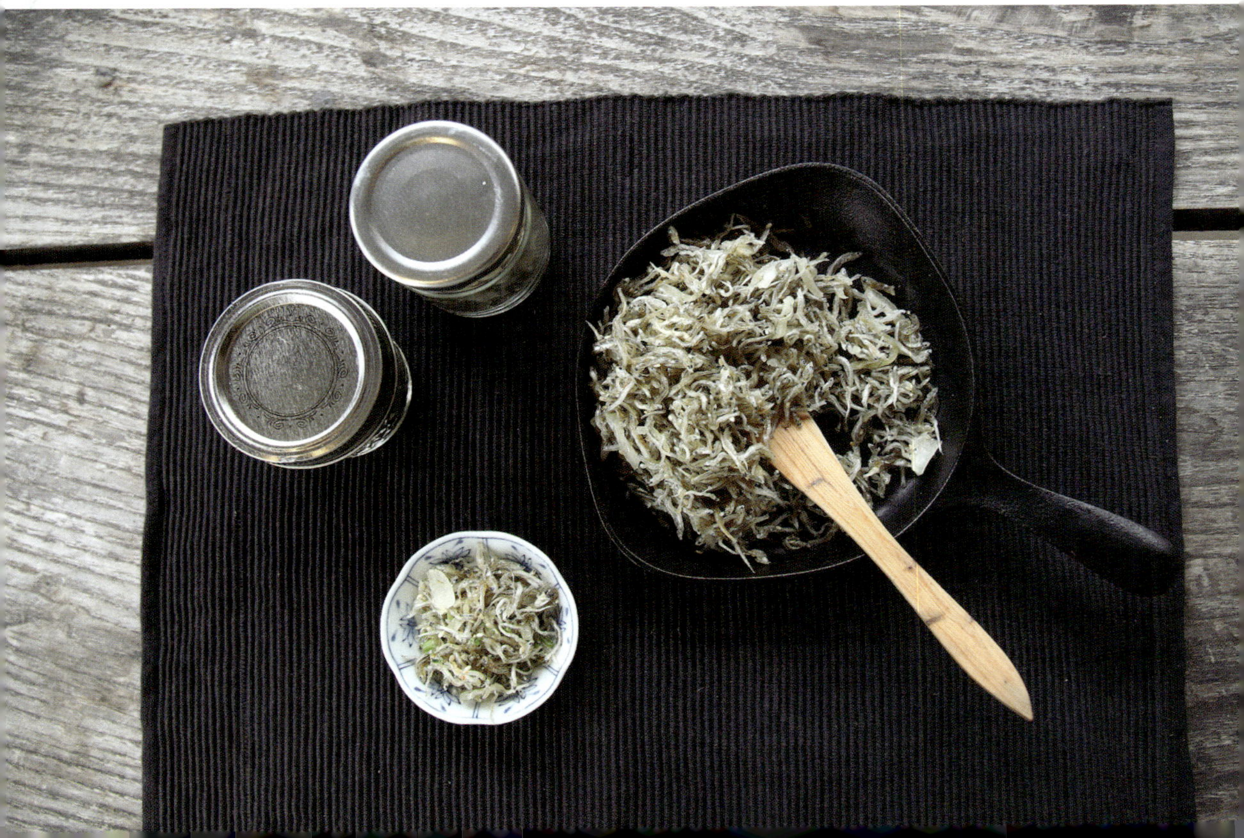

여름

보미 | 묽은죽 | 옹근죽 | 진밥 | 국과 반찬

여름에 이유식을 시작하는 아기는 뜨거운 햇볕을 가득 담은
채소와 열매를 맛봅니다. 밭에 심은 채소가 무럭무럭 자라납
니다. 상추, 쑥갓, 토마토, 가지, 오이, 무엇이든 먹을 것이 넘쳐
나는 때이지요. 건강하게 자란 채소가 아이들 몸이 됩니다.
완두나 보리, 밀 같은 곡식도 나오기 시작하고, 땅속에 햇볕
을 담는 감자도 잔뜩 나옵니다.

감자보미

초기 | 20분

쌀 10g
감자 20g
물 180ml

01 불린 쌀을 곱게 갑니다.
02 감자는 껍질을 벗겨 찐 뒤 곱게 으깹니다.
03 냄비에 쌀과 물을 넣고 센 불에서 저어 가며 끓입니다. 물이 한 번 끓어오르면 감자
    를 넣고 불을 약하게 줄인 뒤 원하는 묽기가 될 때까지 끓입니다.
04 체에 주걱으로 눌러 가며 거릅니다.

• 감자나 고구마, 단호박을 찔 때는 껍질을 벗겨 작게 쪼갠 뒤 김 오른 찜통에 10분쯤 찜
  니다.
• 감자를 삶을 때는 약한 불에서 천천히 껍질째 삶은 다음 뜨거울 때 으깨서 쓰세요.
  찬물에 함께 넣어서 끓입니다. 작게 잘라서 삶으면 감자가 더 빨리 익어요.
• 감자는 조리 과정에서 영양소가 쉽게 파괴되지 않는답니다. 비타민C가 풍부하고 소
  화가 잘돼 감기 걸린 아기한테 먹이면 좋아요. 보관을 할 때는 빛이 통하지 않는 종이
  봉투에 넣어서 입구를 열어 바람만 통하게 하고, 서늘한 곳에 두세요. 오래 묵어서 싹
  이 조금 나더라도, 그쪽만 도려내고 먹으면 됩니다.
• 감자 대신 고구마나 단호박을 써서 고구마보미, 단호박보미도 만들어 보세요. 조리법
  은 거의 같아요.

청경채보미

초기 | 15분

쌀 10g
청경채 15g
물 150ml

01 불린 쌀을 곱게 갑니다.
02 청경채는 끓는 물에 살짝 데쳐 곱게 다집니다.
03 냄비에 쌀과 물을 넣고 센 불에서 저어 가며 끓입니다. 물이 한 번 끓어오르면 청경채를 넣고 불을 줄인 뒤 원하는 묽기가 될 때까지 끓입니다.
04 체에 주걱으로 눌러 가며 거릅니다.

애호박보미

초기 | 15분

쌀 10g
애호박 15g
물 150ml

01 불린 쌀을 곱게 갑니다.
02 애호박은 껍질을 벗기고 씨를 빼낸 다음 곱게 다집니다.
03 냄비에 쌀과 물, 애호박을 넣고 센 불에서 저어 가며 끓입니다. 물이 한 번 끓어오르면 불을 줄인 뒤 원하는 묽기가 될 때까지 끓입니다.
04 체에 주걱으로 눌러 가며 거릅니다.

- 애호박은 섬유질도 많고, 소화가 잘되는 재료 중에 하나랍니다. 감자나 고구마와도 궁합이 잘 맞지요. 닭가슴살과 함께 보미를 쑤면 설사할 때 먹이기 좋아요.

강낭콩보미

쌀 10g
불린 강낭콩 15g
물 150ml

01 강낭콩은 물에 불린 뒤 삶아 둡니다.
02 쌀은 물에 불려 빻은 뒤, 강낭콩과 함께 곱게
    갈아 체에 걸러 줍니다.
03 냄비에 쌀과 물, 강낭콩을 넣고 센 불에서 저
    어 가며 끓입니다. 물이 한 번 끓어오르면 불
    을 줄인 뒤 원하는 묽기가 될 때까지 끓입니
    다.
04 체에 주걱으로 눌러 가며 거릅니다.

• 콩이나 잡곡은 30분 넘게 충분히 불리세요. 밤
  에 자기 전에 물에 불려 두었다가 써도 됩니다.

닭고기비트보미

쌀 10g
닭가슴살 20g
비트 5g
물 150ml

01 불린 쌀을 곱게 갑니다.
02 비트는 껍질을 벗겨서 곱게 다져 둡니다.
03 닭가슴살은 끓는 물에 푹 익힌 다음 곱게 다
    집니다.
04 냄비에 준비한 재료를 넣고 센 불에서 저어 가
    며 끓입니다. 물이 한 번 끓어오르면 불을 줄
    인 뒤 원하는 묽기가 될 때까지 끓입니다.
05 체에 주걱으로 눌러 가며 거릅니다.

오이보미

초기 | 10분

쌀 10g
오이 15g
물 150ml

01 불린 쌀을 곱게 갑니다.
02 오이는 껍질을 벗겨 강판에 곱게 갑니다.
03 냄비에 쌀과 물을 넣고 센 불에서 저어 가며 끓이다가, 끓어오르면 오이를 넣고 불을 약하게 줄인 뒤 원하는 묽기가 될 때까지 끓입니다.
04 체에 주걱으로 눌러 가며 거릅니다.

• 오이는 찬 성질이 있어 열을 내리는 데 도움이 되지요. 비타민C도 많아 감기에도 좋고, 섬유질이 풍부해 변비를 다스릴 때도 좋답니다.

애호박닭고기보미

초기 | 25분

쌀 10g
닭가슴살 15g
애호박 15g
물 150ml

01 불린 쌀을 곱게 갑니다.
02 닭가슴살은 끓는 물에 푹 익힌 다음 곱게 갑니다.
03 애호박은 껍질을 벗기고 씨를 빼낸 뒤 삶아서 으깨어 놓습니다.
04 냄비에 쌀과 맛국물을 넣고 센 불에서 저어 가며 끓이다가, 끓어오르면 닭고기와 애호박을 넣고 불을 약하게 줄인 뒤 원하는 묽기가 될 때까지 끓입니다.
05 체에 주걱으로 눌러 가며 거릅니다.

• 닭고기는 육질이 연해 그냥 냉동시키면 맛이 떨어집니다. 남은 고기를 보관할 때는 끓는 물에 익힌 다음 냉동 보관하는 것이 좋습니다.
• 애호박은 섬유질도 많고, 소화가 잘되는 재료 가운데 하나입니다. 감자나 고구마와도 잘 어울리지요. 닭가슴살과 함께 보미를 쑤면 설사할 때 먹이기 좋습니다.

가지애호박묽은죽

중기 | 20분

쌀 20g
가지 20g
애호박 15g
맛국물 200ml

01 쌀을 불려서 갈아 놓거나, 밥을 지어서 으깨어 놓습니다.

02 가지, 애호박은 다듬어서 잘게 다집니다.

03 냄비에 쌀과 맛국물, 준비한 채소를 넣고 센 불에서 주걱으로 저어 가며 끓이다가,
끓어오르면 약한 불로 줄여 쌀알이 퍼질 때까지 끓입니다.

- 가지는 껍질이 질길 수도 있어요. 조금만 남기고 벗겨 내도 되지요.
- 애호박은 보미를 쑬 때는 씨를 발라내지만, 묽은죽을 먹기 시작하면 함께 다져서 주
  어도 괜찮아요.

소고기청경채묽은죽

중기 | 25분

쌀 22g
소고기 20g
청경채 20g
양파 5g
맛국물 200ml

01 쌀을 불려서 갈아 놓거나, 밥을 지어서 으깨어
    놓습니다.
02 소고기는 핏물을 뺀 뒤, 잘게 다져 볶습니다.
03 청경채는 살짝 데쳐 잘게 다집니다.
04 양파는 잘게 다져 살짝 볶아 줍니다.
05 냄비에 쌀과 소고기, 맛국물을 넣고 센 불에
    서 주걱으로 저어 가며 끓이다가, 끓어오르면
    약한 불로 줄여 청경채와 양파를 넣고 쌀알이
    퍼질 때까지 끓입니다.

감자치즈묽은죽

중기 | 25분

쌀 22g
감자 25g
치즈 20g
맛국물 200ml

01 쌀을 불려서 갈아 놓거나, 밥을 지어서 으깨어
    놓습니다.
02 감자는 껍질을 벗기고 삶아서, 식기 전에 으깨
    어 둡니다.
03 치즈를 작게 자릅니다.
04 냄비에 맛국물과 쌀, 감자를 넣고 센 불에서
    주걱으로 저어 가며 끓이다가, 끓어오르면 약
    한 불로 줄여 치즈를 넣고 쌀알이 퍼질 때까
    지 끓입니다.

흰살생선보리묽은죽

중기 25분

쌀 20g
보리 5g
달고기 15g
브로콜리 20g
양파 5g
맛국물 200ml

01 쌀과 보리를 불려 갈아 놓거나, 밥을 지어서
    으깨어 놓습니다.
02 달고기는 끓는 물에 살짝 데쳐 가시를 발라낸
    후 잘게 다집니다.
03 브로콜리는 꽃송이 부분만 데친 다음 잘게
    다집니다.
04 양파는 잘게 다져 살짝 볶아 줍니다.
05 냄비에 맛국물과 쌀을 넣고 센 불에서 끓이다
    가 준비한 재료를 넣고 끓어오르면 약한 불로
    줄여 쌀알이 퍼질 때까지 끓입니다.

• 양파를 볶으면 매운맛이 사라지고 단맛이 돈답
  니다. 번거롭다면 볶는 과정은 생략합니다.
• 흰살생선에는 단백질과 칼슘이 풍부하지요. 소
  화·흡수도 쉬워 아기들에게 먹이기에 좋은 재
  료예요.
• 보리는 섬유질이 많아 변비가 있는 아기에게 도
  움이 됩니다.

고구마닭고기묽은죽

중기 | 30분

쌀 20g
닭가슴살 25g
고구마 20g
양파 5g
맛국물 200ml

01 쌀을 불려서 갈아 놓거나, 밥을 지어서 으깨어
    놓습니다.
02 닭가슴살은 끓는 물에 푹 익힌 다음 잘게 다
    집니다.
03 고구마는 껍질을 벗기고 쪄서 으깹니다.
04 양파는 잘게 다져 살짝 볶아 줍니다.
05 냄비에 맛국물과 쌀을 넣고 센 불에서 주걱으
    로 저어 가며 끓이다가, 끓어오르면 준비한 재
    료를 넣고 쌀알이 퍼질 때까지 끓입니다.

• 닭가슴살 삶은 물은 거즈에 거른 뒤 육수로 써
  도 좋습니다. 고구마닭고기묽은죽은 앓고 나서
  식욕이 떨어진 아기들한테 쑤어 주기에 좋답니
  다. 고구마와 양파를 함께 넣으면 맛도 좋고 소
  화도 잘되거든요.

흰살생선연두부묽은죽

중기 | 25분

쌀 20g
달고기 15g
연두부 20g
양파 5g
맛국물 200ml

01 쌀을 불려서 갈아 놓거나, 밥을 지어서 으깨어
    놓습니다.

02 달고기는 가시를 발라 끓는 물에 살짝 데친
    뒤 다집니다.

03 연두부는 곱게 으깹니다.

04 양파는 껍질을 벗기고 잘게 다집니다.

05 냄비에 맛국물, 쌀, 생선을 넣고 센 불에서 주
    걱으로 저어 가며 끓이다가, 끓어오르면 약
    한 불로 줄여 양파를 넣고 쌀알이 퍼질 때까
    지 끓입니다. 마지막에 연두부를 넣고 저어 준
    다음 마무리합니다.

닭고기청경채옹근죽

후기 | 30분

쌀밥 65g
홍미 10g
닭가슴살 25g
청경채 20g
당근 5g
양파 5g
맛국물 400ml

01 홍미를 물에 불려 살짝 갑니다.

02 닭가슴살은 끓는 물에 푹 익힌 다음 다집니다.

03 청경채는 살짝 데친 다음 다집니다.

04 양파와 당근도 다져 둡니다.

05 냄비에 준비한 재료들을 모두 넣고 센 불에서 주걱으로 저어 가며 끓이다가, 끓어오르면 약한 불로 줄여 쌀알이 퍼질 때까지 끓입니다

소고기채소옹근죽

후기 | 25분

쌀밥 60g
소고기 30g
애호박 20g
감자 20g
양파 5g
당근 5g
맛국물 400ml

01 양파, 당근, 애호박을 씻어 다집니다.
02 소고기는 핏물을 뺀 다음 다지고, 감자는 껍
   질을 벗겨 잘게 다집니다.
03 냄비에 맛국물과 밥, 다진 양파, 감자, 당근,
   애호박, 소고기를 넣고 센 불에서 주걱으로
   저어 가며 끓입니다. 끓어오르면 약한 불로
   줄여 쌀알이 퍼질 때까지 끓입니다.

• 시간이 넉넉하다면 다진 소고기는 양파즙을 넣
  고 볶아 주세요. 더 부드럽고 맛이 좋아져요.

근대들깨두부옹근죽

후기 | 20분

쌀밥 65g
근대 25g
두부 30g
들깨 10g
맛국물 400ml

01 두부는 곱게 으깨어 둡니다.
02 근대는 끓는 물에 살짝 데쳐서 다집니다.
03 들깨는 가루를 내어 놓습니다.
04 냄비에 맛국물과 밥, 두부를 넣고 잘 섞어 준
   뒤 센 불에서 주걱으로 저어 가며 끓입니다.
   끓어오르면 약한 불로 줄여 근대와 들깻가루
   를 넣고 쌀알이 퍼질 때까지 끓입니다.

• 들깨는 갈아서 너무 오래 두지 마세요. 통들깨
  를 사 두었다가 조금씩 갈아 쓰면 좋아요.

단호박강낭콩밀쌀옹근죽

후기 | 40분

쌀밥 65g
단호박 30g
강낭콩 20g
밀쌀 10g
맛국물 400ml

01 밀쌀은 물에 불려 갈아 둡니다.
02 강낭콩은 물에 불렸다가 삶아서 껍질을 벗겨 으깹니다.
03 단호박은 껍질을 벗긴 뒤 삶아 으깹니다.
04 냄비에 맛국물과 준비한 재료를 넣고 잘 섞어 준 뒤 센 불에서 주걱으로 저어 가며 끓이다가, 끓어오르면 약한 불로 줄여 쌀알이 퍼질 때까지 끓입니다.

• 강낭콩에는 호두처럼 아기 두뇌 성장에 좋은 성분이 풍부하답니다.

닭고기아욱옹근죽

후기 | 30분

쌀밥 60g
닭가슴살 30g
아욱 20g
감자 25g
맛국물 400ml

01 닭가슴살은 끓는 물에 익힌 다음 잘게 다집니다.
02 감자는 껍질을 벗기고 삶아서, 식기 전에 으깨어 둡니다.
03 아욱은 살짝 데친 다음 다집니다.
04 냄비에 맛국물과 준비한 재료를 넣고 잘 섞어 준 뒤 센 불에서 주걱으로 저어 가며 끓이다가, 끓어오르면 약한 불로 줄여 쌀알이 퍼질 때까지 끓입니다.

• 아욱은 영양소가 두루 들어 있어 이유식 재료로 그만이랍니다. 특히 칼슘이 풍부해 자라는 아이들에게 도움이 됩니다. 섬유질이 많아 변비가 심한 아기에게도 좋지요. 하지만 찬 성질이 있어 설사하는 아기라면 피하는 것이 좋습니다.

흰살생선감자옹근죽

후기 | 25분

쌀밥 65g
찹쌀 10g
달고기 15g
감자 30g
당근 5g
맛국물 400ml

01 찹쌀은 물에 불려 갈아 둡니다.
02 달고기는 가시를 발라 끓는 물에 살짝 데친
    뒤 다집니다.
03 감자와 당근은 껍질을 벗기고 다집니다.
04 냄비에 맛국물과 준비한 재료를 넣고 잘 섞어
    준 뒤 센 불에서 주걱으로 저어 가며 끓이다
    가, 끓어오르면 약한 불로 줄여 쌀알이 퍼질
    때까지 끓입니다.

달걀부추옹근죽

후기 | 20분

쌀밥 65g
달걀 30g
부추 15g
양파 10g
맛국물 400ml

01 부추와 양파는 손질해서 다집니다.
02 달걀을 잘 풀어 놓습니다.
03 냄비에 맛국물과 밥, 부추와 양파를 넣고 잘
    섞어 준 뒤 센 불에서 주걱으로 저어 가며 끓
    이다가, 끓어오르면 달걀을 넣고 풀어 줍니다.
    약한 불로 줄여 쌀알이 퍼질 때까지 끓입니
    다.

• 처음 달걀을 먹일 때는 아기가 과민 반응을 보
  이지 않는지 주의 깊게 살펴 주세요. 아기가 별
  이상을 보이지 않을 때는 흰자와 노른자를 모두
  이유식 재료로 써도 됩니다.

아욱보리새우된장진밥

완료기 | 25분

쌀밥 65g
찹쌀 10g
아욱 30g
보리새우 10g
된장
맛국물 300ml

01 찹쌀은 물에 불려 살짝 갑니다.

02 아욱은 끓는 물에 데쳐서 잎 부분만 송송 썰어 둡니다.

03 보리새우는 곱게 갑니다.

04 냄비에 미리 지어 둔 밥과 맛국물, 찹쌀, 아욱, 보리새우를 넣고 센 불에서 주걱으로
    저어 가며 끓이다가, 끓어오르면 된장을 조금 풀어 넣고 약한 불로 줄여 쌀알이 퍼
    질 때까지 끓입니다.

- 보리새우는 기름을 두르고 볶아 아이들 간식으로 먹여도 괜찮아요.
- 쌀뜨물을 남겼다가 아기 진밥을 할 때 물 대신 넣어 끓이면 맛이 한결 좋습니다.

닭고기두부채소진밥

완료기 | 30분

쌀밥 60g
닭가슴살 30g
두부 20g
애호박 10g
양파 5g
당근 5g
맛국물 300ml

01 닭가슴살은 끓는 물에 푹 익힌 다음 깍둑썰기 합니다.
02 애호박, 당근, 양파는 껍질을 벗겨서 새끼손톱 크기로 썹니다.
03 두부는 잘게 으깨어 둡니다.
04 냄비에 밥과 맛국물, 닭고기, 채소를 넣고 끓이다가, 끓어오르면 두부를 넣고 약한 불로 줄여 뜸을 들입니다.

단호박브로콜리진밥

완료기 | 30분

쌀밥 60g
단호박 35g
브로콜리 20g
찹쌀 10g
맛국물 300ml

01 찹쌀은 물에 불려서 살짝 갈아 놓습니다.
02 단호박은 껍질을 벗겨 씨를 발라낸 다음 쪄서 으깹니다.
03 브로콜리는 단단한 줄기 부분을 빼고 다집니다.
04 냄비에 밥과 맛국물, 찹쌀, 단호박, 브로콜리를 넣고 끓이다가, 끓어오르면 약한 불로 줄여 뜸을 들입니다.

가지소고기진밥

완료기 | 25분

쌀밥 60g
소고기 30g
가지 25g
양파 5g
당근 5g
맛국물 300ml

01 소고기는 물에 담가 핏물을 뺀 뒤 다져서 볶
    아 둡니다.
02 양파, 당근은 껍질을 벗겨 다집니다.
03 가지는 새끼손톱 크기로 썹니다.
04 냄비에 밥과 맛국물, 소고기, 채소를 넣고 끓
    이다가, 끓어오르면 약한 불로 줄여 뜸을 들
    입니다.

• 가지와 소고기는 서로 잘 어울리는 재료랍니다.
  기름에 볶으면 더욱 풍미가 살아나지요. 올리브
  유를 두르고 볶은 뒤 간장으로 간해서 마무리
  하면 손님상에 올려도 손색이 없는 가지소고기
  볶음밥이 됩니다.

소고기파프리카진밥

완료기 | 30분

쌀밥 60g
한우 30g
파프리카 25g
적양배추 20g
양파 5g
쪽파 3g
맛국물 300ml

01 소고기는 핏물을 뺀 뒤, 작게 다져 볶습니다.
02 파프리카는 씨를 빼내고, 양파는 껍질을 벗겨
    작게 썹니다.
03 쪽파는 송송 썰어 둡니다.
04 냄비에 밥과 맛국물, 소고기, 채소를 넣고 끓
    이다가, 끓어오르면 약한 불로 줄여 뜸을 들
    입니다.

• 파프리카는 비타민C가 아주 많지요. 두뇌 발달
  이나 면역력 강화에 큰 도움이 됩니다. 길쭉하게
  썰어 내면 아기들 간식으로 좋아요.

흰살생선버섯진밥

완료기 | 30분

쌀밥 60g
달고기 20g
새송이버섯 25g
만가닥버섯 25g
팽이버섯 20g
양파 5g
당근 5g
맛국물 300ml

01 달고기는 가시를 발라 끓는 물에 살짝 데친
뒤 다집니다.
02 팽이버섯, 새송이버섯, 만가닥버섯은 새끼손
톱 크기로 썰어 둡니다.
03 양파, 당근은 껍질을 벗긴 뒤 씻어서 다집니
다.
04 냄비에 밥과 맛국물, 흰살생선, 버섯, 채소를
넣고 끓이다가, 끓어오르면 약한 불로 줄여
뜸을 들입니다.

재첩부추진밥

완료기 | 20분

쌀밥 70g
재첩(익힌 조갯살) 30g
부추 20g
양파 5g
맛국물 300ml

01 부추와 양파는 새끼손톱 크기로 썹니다.
02 재첩은 아기가 먹기 좋게 다집니다.
03 냄비에 밥과 맛국물, 양파, 부추를 넣고 끓이
다가, 끓어오르면 약한 불로 줄여 재첩을 넣고
뜸을 들입니다.

돼지고기부추덮밥

반찬 | 25분

돼지고기 75g
양파 40g
부추 35g
달걀 1개
간장 · 마늘 · 올리브유 · 참깨
맛국물 50ml

01 돼지고기는 잘게 채 썹니다.

02 양파는 잘게 채 썰고, 부추는 손가락 한 마디 길이로 썰어 둡니다.

03 팬에 올리브유를 두르고 돼지고기, 다진 마늘을 넣고 볶다가 돼지고기가 익으면 양
파를 넣어 볶습니다.

04 볶은 돼지고기에 맛국물을 넣고 달걀을 풀어 넣은 뒤, 부추를 넣고 한소끔 끓여 간
장과 참깨로 간을 합니다.

닭고기감자된장덮밥

반찬 | 25분

닭가슴살 55g
감자 40g
당근 15g
양파 20g
된장·전분·참깨·참기름·마늘
맛국물 100ml

01 닭가슴살은 깍둑썰기 해 둡니다.
02 감자, 양파, 당근은 껍질을 벗겨 엄지손톱 크기로 썹니다.
03 전분은 찬물에 풀어 놓습니다.
04 냄비에 맛국물과 닭고기, 채소를 넣고 된장을 풀어서 끓입니다. 감자와 양파가 익으면 전분과 양념을 넣고 잘 저어 가면서 끓여 마무리합니다.

산나물버섯들깨탕

국 | 25분

고사리 45g
토란대 20g
느타리버섯 35g
팽이버섯 40g
들깨 30g
간장·쪽파
맛국물 150ml

01 불린 고사리와 토란대는 물기를 꼭 짜내고 손가락 한 마디 길이로 썹니다.
02 느타리버섯과 팽이버섯도 썰어 둡니다.
03 들깨는 가루를 내어 놓습니다.
04 버섯과 나물을 간장에 버무려 간이 배게 합니다.
05 냄비에 맛국물, 버섯, 나물, 들깻가루를 넣고 끓입니다. 한소끔 끓어오르면 쪽파를 넣고 조금 더 끓입니다.

닭고기가지덮밥

반찬 | 30분

닭가슴살 55g
가지 50g
양파 30g
파프리카 30g
쪽파 · 간장 · 전분 · 참깨 · 참기름
맛국물 100ml

01 닭가슴살은 새끼손톱 크기로 깍둑썰기 합니다.

02 가지도 씻어서 비슷한 크기로 썹니다.

03 파프리카는 씨를 빼고, 양파는 껍질을 깐 다음 새끼손톱 크기로 네모지게 썰어 둡니다.

04 닭고기와 채소를 간장에 버무려 잠깐 재웁니다.

05 전분은 찬물에 풀어 놓습니다.

06 냄비에 맛국물, 닭고기와 채소를 넣고 간장으로 간을 맞춰 끓입니다. 한 번 끓어오르면 전분으로 묽기를 맞추고, 참깨, 쪽파, 참기름을 넣고 잘 저어 가면서 끓여 마무리합니다.

소고기부추달걀볶음

반찬 | 25분

소고기 55g
달걀 1개
양파 30g
부추 30g
양배추 40g
간장 · 마늘 · 참깨 · 참기름
맛국물 70ml

01 소고기는 잘게 채 썹니다.

02 양파는 껍질을 벗기고, 양배추는 전잎을 떼냅니다. 그런 뒤 네모지게 썰어 둡니다.

03 부추는 손가락 한 마디 길이로 썹니다.

04 달걀은 잘 저어서 풀어 줍니다.

05 냄비에 맛국물, 소고기와 채소를 넣고 간장으로 간을 맞춰 끓입니다. 양배추가 익으면, 참기름, 마늘, 참깨, 달걀을 넣고 살짝 뒤섞듯 볶아서 마무리합니다.

소고기감자조림

반찬 | 30분

소고기 60g
감자 55g
양파 30g
간장 · 조청 · 참기름 · 참깨
맛국물 80ml

01 소고기는 잘게 썰어 둡니다.
02 감자, 양파는 껍질을 벗겨 깍둑썰기 합니다.
03 냄비에 맛국물과 감자를 넣고 끓입니다.
04 감자가 익으면 소고기, 양파, 간장을 넣고 조립니다.
05 약한 불에서 마늘, 쪽파, 조청, 참깨, 참기름을 넣어 버무리듯 뒤적인 다음 마무리합니다.

애호박두부된장국

국 | 20분

두부 55g
감자 60g
애호박 50g
양파 40g
된장
맛국물 150ml

01 감자와 양파는 껍질을 벗겨 새끼손톱 크기로 썹니다.
02 애호박, 두부는 작게 깍둑썰기 합니다.
03 맛국물에 된장을 조금 넣어 푼 다음 준비한 채소를 넣고 끓입니다.
04 채소가 익으면 두부를 넣고 한소끔 더 끓입니다.

가지애호박볶음

반찬 | 15분

가지 55g
애호박 50g
올리브유 · 간장 · 참깨 · 마늘 · 참기름

01 가지, 애호박은 반달 모양으로 썹니다.

02 팬에 올리브유를 두르고 가지와 애호박을 볶습니다. 애호박이 조금 익으면, 간장,
마늘, 참기름을 넣고 골고루 볶습니다.

03 다 익으면 참깨를 뿌려서 그릇에 담아냅니다. 쪽파나 부추를 송송 썰어 올려 마무
리해도 좋습니다.

느타리버섯달걀탕

국 | 20분

달걀 1개
무 30g
느타리버섯 35g
쪽파・소금
맛국물 150ml

01 무는 껍질을 벗겨 나박나박 썹니다.
02 느타리버섯도 비슷한 크기로 썰어 둡니다.
03 쪽파는 송송 썹니다.
04 달걀은 잘 저어서 풀어 둡니다.
05 맛국물에 무를 넣고 끓입니다. 무가 익으면 버섯, 쪽파, 소금을 넣고 끓이다가 달걀을 넣고 한소끔 끓여서 마무리합니다.

가을

보미 | 묽은죽 | 웅근죽 | 진밥 | 국과 반찬

가을은 거두어들이는 뜻이에요. 시골에서는 아직도 "가실(가을) 다 했나?"라고 하시는 할머니들이 계시지요. 다 거뒀냐? 하는 말이에요.

여름내 자란 풀과 나무들이 제 몸에 꼭꼭 눌러 담아 씨와 열매를 맺습니다. 그걸, 우리가 얻어서 먹고는 겨울 날 채비를 하게 되는 거지요. 여물게 익은 곡식들이 있고, 밭에서 나는 채소들도 여름보다는 더 단단한 모양새로 밥상에 올라옵니다. 아기들도 가을 음식을 먹고는 제 몸을 단단히 키워 갑니다.

소고기배보미

쌀 10g
소고기 15g
배 15g
물 150ml

01 불린 쌀을 곱게 갑니다.

02 소고기는 핏물을 뺀 뒤 잘게 다져 볶습니다.

03 배는 껍질을 벗기고 과육만 곱게 갑니다.

04 냄비에 쌀과 물을 넣고 센 불에서 저어 가며 끓이다가, 끓어오르면 소고기, 배를 넣
고 불을 약하게 줄인 뒤 원하는 묽기가 될 때까지 끓입니다.

05 체에 주걱으로 눌러 가며 거릅니다.

• 소고기를 찬물에 오래 담가 둔다고 핏물이 잘 빠지는 건 아니랍니다. 핏물이 너무 많
이 나오면 몇 차례 물을 갈아 주세요. 하지만, 핏물을 빼면 영양소도 줄고, 맛도 퍽퍽
해지지요. 작은 덩어리 고기라면 10분 안쪽으로 하고, 다진 고기는 헹구듯이 하고 넘
어가도 괜찮아요.

• 소고기에는 흡수율이 좋은 철분이 많이 들어 있습니다. 빈혈이 있는 아기에게는 자주
먹이는 것이 좋지요.

사과보미

초기 | 15분

쌀 10g
사과 15g
물 150ml

01 불린 쌀을 곱게 갑니다.
02 사과는 껍질을 벗기고 과육 부분만 곱게 갑니다.
03 냄비에 쌀과 물을 넣고 센 불에서 저어 가며 끓이다가, 끓어오르면 사과를 넣고 불을 약하게 줄인 뒤 원하는 묽기가 될 때까지 끓입니다.
04 체에 주걱으로 눌러 가며 거릅니다.

- 사과는 믹서보다 강판에 가는 게 좋아요. 거품도 덜 나고 영양소 파괴도 적거든요. 사과를 넣으면 보미가 조금 묽어질 수 있답니다. 원하는 묽기가 될 때까지 졸이듯 더 끓이면 됩니다.
- 사과 대신 배를 넣으면 배보미가 됩니다. 사과나 배는 소화 효과가 탁월한 과일이에요. 사과에는 비타민C도 풍부하지요. 감기 걸린 아기한테 먹이면 좋습니다.

찹쌀당근보미

초기 | 15분

쌀 10g
찹쌀 10g
당근 15g
물 150ml

01 쌀과 찹쌀을 물에 불려 곱게 갑니다.
02 당근은 껍질을 벗기고 곱게 갑니다.
03 냄비에 쌀, 찹쌀, 물, 당근을 넣고 센 불에서 저어 가며 끓이다가, 끓어오르면 불을 약하게 줄인 뒤 원하는 묽기가 될 때까지 끓입니다.

배추보미

초기 | 15분

쌀 10g
배추 15g
물 150ml

01 불린 쌀을 곱게 갑니다.
02 배추는 다듬어서 끓는 물에 데친 다음 곱게
    갑니다.
03 냄비에 쌀, 배추, 물을 넣고 센 불에서 저어 가
    며 끓이다가, 끓어오르면 불을 약하게 줄인
    뒤 원하는 묽기가 될 때까지 끓입니다.
04 체에 주걱으로 눌러 가며 거릅니다.

• 다른 잎채소도 마찬가지지만, 처음 보미를 쑬
  때는 배추의 연한 잎 부분을 골라 쓰세요.

고구마수수보미

초기 | 30분

쌀 10g
수수 10g
고구마 20g
물 150ml

01 불린 쌀을 곱게 갑니다.
02 수수는 불렸다가 삶은 다음 곱게 갑니다.
03 고구마는 껍질을 벗기고 쪄서 뜨거울 때 으깨
    놓습니다.
04 냄비에 쌀, 수수, 고구마, 물을 넣고 센 불에서
    저어 가며 끓이다가, 끓어오르면 불을 약하게
    줄인 뒤 원하는 묽기가 될 때까지 끓입니다.

쌀보미

초기 | 10분

쌀 15g
물 150ml

01 불린 쌀을 곱게 갑니다.
02 냄비에 쌀과 물을 넣고 센 불에서 저어 가며
    끓이다가, 끓어오르면 불을 약하게 줄인 뒤
    원하는 묽기가 될 때까지 끓입니다.
03 체에 주걱으로 눌러 가며 거릅니다.

• 마른 쌀가루를 쓸 때는 물을 조금 더 넣어 주세
   요. 쌀가루는 넣는 순간부터 잘 저어 주어야 합
   니다. 한번 덩어리지면 풀기 어렵거든요. 거품기
   를 쓰는 것도 괜찮답니다.
• 잔불에서 뭉근하게 오래도록 쑤어야 쌀즙이 모
   두 빠져나와 맛있는 죽이 되지요.

늙은호박강낭콩보미

초기 | 30분

쌀 10g
늙은호박 15g
강낭콩 10g
물 150ml

01 강낭콩은 물에 불린 뒤 삶아 둡니다.
02 늙은 호박은 껍질을 벗겨 삶은 뒤에 으깹니다.
03 쌀은 물에 불린 뒤, 강낭콩과 함께 곱게 갈아
    체에 걸러 줍니다.
04 쌀, 강낭콩, 호박, 물을 냄비에 넣고 센 불에서
    저어 가며 끓이다가, 끓어오르면 불을 약하게
    줄인 뒤 원하는 묽기가 될 때까지 끓입니다.

• 늙은 호박은 청둥호박이라고도 하지요. 비타민
   과 미네랄이 아주 많이 들어 있는 재료랍니다.
• 늙은호박강낭콩보미는 넉넉히 끓여서 소금을
   조금 곁들여 어른 상에 올려도 좋지요. 한 끼 뚝
   딱, 별미가 됩니다.

참깨단호박묽은죽

중기 | 25분

쌀 22g
찹쌀 5g
현미 5g
단호박 30g
참깨 3g
맛국물 200ml

01 쌀과 찹쌀, 현미는 불려서 살짝 갑니다.
02 단호박은 껍질을 벗겨 씨를 발라낸 다음 쪄서 으깹니다.
03 참깨는 곱게 빻아 놓습니다.
04 냄비에 맛국물과 쌀, 찹쌀, 현미를 넣고 센 불에서 주걱으로 저어 가며 끓이다가 단
　　호박을 넣습니다. 끓어오르면 약한 불로 줄여 참깨를 넣고, 쌀알이 퍼질 때까지 끓
　　입니다.

• 단호박을 으깰 때, 손으로 하지 않고 믹서로 갈아도 됩니다.
• 참깨 대신 들깨를 갈아서 넣어도 좋습니다.

닭고기서리태묽은죽

중기 | 20분

쌀 20g
서리태 15g
닭가슴살 20g
참깨 2g
맛국물 200ml

01 쌀을 불려서 갈아 놓거나, 밥을 지어서 으깨어
    놓습니다.
02 서리태는 물에 불려 삶아서 곱게 갈아 둡니
    다.
03 닭가슴살은 끓는 물에 푹 익힌 다음 잘게 다
    집니다.
04 참깨는 곱게 갑니다.
05 냄비에 쌀, 서리태, 닭고기, 맛국물을 넣고 센
    불에서 주걱으로 저어 가며 끓이다가, 끓어오
    르면 약한 불로 줄여 참깨를 넣고 쌀알이 퍼
    질 때까지 끓입니다.

흰살생선호박묽은죽

중기 | 25분

쌀 20g
달고기 10g
호박 20g
양파 5g
당근 3g
맛국물 200ml

01 쌀을 불려서 갈아 놓거나, 밥을 지어서 으깨어
    놓습니다.
02 달고기는 가시를 발라 끓는 물에 살짝 데친
    뒤 잘게 다집니다.
03 호박, 양파, 당근은 껍질을 벗기고 잘게 다집
    니다.
04 냄비에 쌀과 달고기, 호박, 양파, 당근, 맛국물
    을 넣고 센 불에서 주걱으로 저어 가며 끓이
    다가, 끓어오르면 약한 불로 줄여 쌀알이 퍼
    질 때까지 끓입니다.

양송이치즈묽은죽

중기 | 25분

쌀 22g
녹미 10g
감자 20g
양송이버섯 15g
치즈 반 장
맛국물 200ml

01 쌀과 녹미를 불려서 갈아 놓거나, 밥을 지어서 으깨어 놓습니다.
02 감자는 껍질을 벗겨 쪼갠 뒤, 쪄서 으깨어 둡니다.
03 양송이버섯은 밑동을 도려내고 잘게 다집니다.
04 냄비에 맛국물과 쌀을 넣고 센 불에서 주걱으로 저어 가며 끓이다가 감자, 양송이를 넣은 뒤 끓어오르면 약한 불로 줄여 쌀알이 퍼질 때까지 끓입니다.
05 치즈를 넣고 한소끔 더 끓입니다.

• 감자는 찌는 시간이 오래 걸립니다. 껍질을 벗겨서 어른 밥 지을 때 밥솥에 넣고 함께 익히면 편리하지요.
• 치즈는 나트륨 함량이 적은 자연산 치즈를 골라야 합니다. 아기용 치즈라고 해도 6개월부터 조금씩 주는 게 좋습니다. 변비가 올 수도 있으니 돌 전에는 하루에 반 장 정도만 주세요.

고구마동부묽은죽

중기 | 25분

쌀 20g
고구마 20g
동부 15g
맛국물 200ml

01 쌀을 불려서 갈아 놓거나, 밥을 지어서 으깨어 놓습니다.
02 동부 콩은 불려서 갈아 놓습니다.
03 고구마는 쪄서 껍질을 벗기고 으깹니다.
04 냄비에 쌀, 고구마, 동부, 맛국물을 넣고 센 불에서 주걱으로 저어 가며 끓이다가, 끓어오르면 약한 불로 줄여 쌀알이 퍼질 때까지 끓입니다.

• 동부는 철분이 아주 많이 들어 있는 콩이랍니다. 아기들 소화를 돕기도 하지요.

녹미사과묽은죽

중기 | 20분

쌀 20g
녹미 10g
사과 25g
맛국물 200ml

01 쌀을 불려서 갈아 놓거나, 밥을 지어서 으깨어
   놓습니다.
02 녹미도 물에 불려 곱게 갈아 둡니다.
03 사과는 껍질을 벗겨서 잘게 다집니다.
04 쌀과 녹미, 맛국물을 넣고 센 불에서 주걱으
   로 저어 가며 끓이다가, 끓어오르면 약한 불
   로 줄여 사과를 넣고 쌀알이 퍼질 때까지 끓
   입니다.

• 녹미가 없을 때는 현미를 써도 됩니다.

소고기양송이묽은죽

중기 | 25분

쌀 20g
소고기 25g
양송이버섯 15g
맛국물 200ml

01 쌀을 불려서 갈아 놓거나, 밥을 지어서 으깨어
   놓습니다.
02 소고기는 핏물을 뺀 뒤 잘게 다져 볶습니다.
03 양송이버섯은 밑동을 잘라내고 잘게 다집니
   다.
04 쌀, 소고기, 양송이버섯, 맛국물을 넣고 센 불
   에서 주걱으로 저어 가며 끓이다가, 끓어오르
   면 약한 불로 줄여 쌀알이 퍼질 때까지 끓입
   니다.

• 양송이버섯 대신 새송이버섯을 넣어도 되지요.

버섯고사리들깨옹근죽

후기 | 20분

쌀밥 60g
만가닥버섯 30g
불린 고사리 20g
들깨 15g
맛국물 400ml

01 불린 고사리는 흐르는 물에 잘 씻어서 다집니다.

02 만가닥버섯은 밑동을 잘라내고 살짝 데쳐 다집니다.

03 들깨는 가루를 내어 놓습니다.

04 냄비에 맛국물, 미리 지어 둔 밥과 고사리를 넣고 센 불에서 주걱으로 저어 가며 끓
    이다가, 끓어오르면 버섯과 들깨를 넣고 약한 불로 줄여 쌀알이 퍼질 때까지 끓입니
    다.

닭고기숙주옹근죽

후기 | 25분

쌀밥 60g
닭가슴살 30g
숙주나물 25g
당근 5g
양파 3g
맛국물 400ml

01 닭가슴살은 끓는 물에 푹 익힌 다음 잘게 다집니다.
02 양파, 당근은 껍질을 벗겨서 다집니다.
03 숙주나물도 적당한 크기로 다집니다.
04 냄비에 맛국물과 밥을 넣고 센 불에서 주걱으로 저어 가며 끓이다가, 끓어오르면 닭고기, 숙주나물, 당근, 양파를 넣고 약한 불로 줄여 쌀알이 퍼질 때까지 끓입니다.

- 숙주나물은 아기가 열이 날 때 좋습니다. 열을 내려 주고, 소화도 잘되도록 돕지요.

차조고구마옹근죽

후기 | 25분

쌀밥 65g
찹쌀 15g
차조 25g
고구마 30g
맛국물 400ml

01 차조와 찹쌀은 물에 불렸다가 갈아 둡니다.
02 고구마는 쪄서 껍질을 벗긴 다음 으깹니다.
03 냄비에 맛국물과 밥, 차조, 찹쌀을 넣고 센 불에서 주걱으로 저어 가며 끓이다가, 끓어오르면 고구마를 넣고 약한 불로 줄여 쌀알이 퍼질 때까지 끓입니다.

흰살생선검은깨옹근죽

후기 | 30분

쌀밥 70g
흑미 15g
달고기 20g
양파 10g
검은깨 10g
맛국물 400ml

01 흑미는 물에 불렸다가 갑니다.
02 달고기는 가시를 발라 끓는 물에 살짝 데친 뒤 다집니다.
03 양파는 껍질을 벗겨서 다집니다.
04 검은깨는 곱게 갈아 둡니다.
05 냄비에 맛국물과 밥, 흑미, 검은깨를 넣고 센 불에서 주걱으로 저어 가며 끓이다가, 끓어오르면 생선과 양파를 넣고 약한 불로 줄여 쌀알이 퍼질 때까지 끓입니다.

찹쌀누룽지닭옹근죽

후기 | 30분

쌀밥 60g
찹쌀 10g
닭가슴살 30g
누룽지 20g
양파 3g
당근 5g
맛국물 400ml

01 찹쌀은 물에 불렸다가 갈아 둡니다.
02 닭가슴살은 끓는 물에 푹 익힌 다음 다집니다.
03 양파와 당근은 껍질을 벗겨 다집니다.
04 냄비에 맛국물과 밥, 찹쌀, 누룽지, 닭고기를 넣고 센 불에서 주걱으로 저어 가며 끓이다가, 끓어오르면 양파와 당근을 넣고 약한 불로 줄여 쌀알이 퍼질 때까지 끓입니다.

• 완료기부터는, 어른이 먹도록 끓이는 닭죽을 함께 먹을 수도 있습니다. 간을 하기 전에 아기 것을 덜어 놓고, 어른 것만 따로 간을 해서 먹으면 됩니다.

소고기영양옹근죽

후기 | 25분

쌀밥 65g
흑미 15g
소고기 30g
감자 20g
무 15g
양파 5g
검은깨 3g
맛국물 450ml

01 흑미는 물에 불렸다가 갈아 둡니다.
02 소고기는 핏물을 뺀 뒤 잘게 다져 볶습니다.
03 양파, 감자, 무는 껍질을 벗기고 다집니다.
04 검은깨는 곱게 갑니다.
05 냄비에 맛국물과 밥, 흑미를 넣고 센 불에서
    주걱으로 저어 가며 끓이다가, 끓어오르면 소
    고기, 검은깨, 채소를 넣고 약한 불로 줄여 쌀
    알이 퍼질 때까지 끓입니다.

단호박강낭콩팥옹근죽

후기 | 25분

쌀밥 70g
찹쌀 15g
단호박 35g
강낭콩 20g
팥 10g
맛국물 400ml

01 찹쌀과 팥, 강낭콩은 물에 불려 두었다가 갑
    니다.
02 단호박은 껍질을 벗기고 씨를 발라낸 다음 쪄
    서 으깹니다.
03 냄비에 맛국물과 밥, 찹쌀, 단호박, 강낭콩, 팥
    을 넣고 센 불에서 주걱으로 저어 가며 끓이
    다가, 끓어오르면 단호박을 넣고 약한 불로 줄
    여 쌀알이 퍼질 때까지 끓입니다.

밤잔멸치진밥

완료기 | 25분

쌀밥 70g
밤 30g
잔멸치 25g
양파 10g
맛국물 350ml

01 밤과 양파는 껍질을 벗겨 새끼손톱 크기로 썰어 둡니다.
02 멸치는 흐르는 물에 살짝 씻은 뒤 다집니다.
03 냄비에 미리 지어 놓은 밥과 맛국물, 밤, 양파, 멸치를 넣고 센 불에서 주걱으로 저어 가며 끓이다가, 끓어오르면 약한 불로 줄여 뜸을 들입니다.

• 나트륨 함량이 걱정스럽다면 잔멸치를 물에 10분쯤 담가 소금기를 충분히 우려내세요. 멸치도 부들부들해져서 먹기에 좋아요.
• 잔멸치를 그대로 넣으면 처음에는 아기가 꺼릴 수도 있습니다. 그럴 때는 아기가 멸치 맛에 적응할 수 있도록 가루를 내어 넣는 것도 방법이랍니다. 잔멸치 대신 밥새우나 마른새우를 가루로 내어도 좋지요. 멸치 가루를 만들어 냉동 보관하면서 이유식 만들 때 다양하게 활용해 보세요. 아기 건강도 챙기고 맛도 더할 수 있어요.

새우살깻잎진밥

완료기 | 20분

쌀밥 60g
새우 살 30g
깻잎 10g
팽이버섯 25g
양파 10g
맛국물 300ml

01 깻잎은 새끼손톱만 하게 썹니다.
02 양파, 새우 살, 팽이버섯도 비슷한 크기로 썹니다.
03 냄비에 밥과 맛국물, 깻잎, 양파, 새우, 팽이버섯을 넣고 센 불에서 주걱으로 저어 가며 끓이다가, 끓어오르면 약한 불로 줄여 뜸을 들입니다.

• 새우는 후기 이유식부터 먹이세요. 새우 알레르기가 있는 아기라면 새우 대신 흰살생선이나 닭고기를 넣어도 됩니다.
• 깻잎은 철분이 많이 들어 있습니다. 빈혈기가 있는 아기에게 좋은 음식이지요.

모듬버섯치즈진밥

완료기 | 20분

쌀밥 65g
보리 10g
만가닥버섯 25g
새송이버섯 30g
팽이버섯 25g
양송이버섯 15g
치즈 30g
맛국물 300ml

01 보리는 물에 불렸다가 곱게 갈아 둡니다.
02 팽이버섯, 양송이버섯, 새송이버섯, 만가닥버섯은 새끼손톱 크기로 썹니다.
03 냄비에 밥과 맛국물, 버섯을 넣고 센 불에서 저어 가며 끓입니다. 끓어오르면 치즈를 넣고 약한 불로 줄여서 뜸을 들입니다.

소고기영양진밥

완료기 | 30분

쌀밥 65g
소고기 30g
찹쌀 15g
새송이버섯 25g
브로콜리 20g
양파 5g
맛국물 300ml

01 소고기는 핏물을 뺀 뒤 잘게 다져 볶습니다.
02 찹쌀은 물에 불려 갈아 둡니다.
03 브로콜리는 살짝 데쳐 새끼손톱 크기로 다집니다.
04 새송이버섯과 껍질 깐 양파도 비슷한 크기로 썹니다.
05 냄비에 밥과 맛국물, 소고기를 넣고 센 불에서 주걱으로 저어 가며 끓이다가, 끓어오르면 새송이버섯, 브로콜리, 양파를 넣고 약한 불로 줄여 뜸을 들입니다.

닭고기카레진밥

완료기 | 25분

쌀밥 60g
닭가슴살 30g
감자 30g
애호박 30g
당근 5g
양파 4g
카레 가루 조금
맛국물 300ml

01 닭가슴살은 끓는 물에 푹 익힌 다음 깍둑썰기 합니다.
02 감자, 애호박, 당근, 양파는 껍질을 벗겨서 새끼손톱 크기로 썹니다.
03 냄비에 맛국물을 붓고 카레 가루를 풀어 줍니다. 밥, 닭고기, 감자, 당근을 넣고 센 불에서 주걱으로 저어 가며 끓이다가, 끓어오르면 양파, 애호박을 넣고 약한 불로 줄여서 조금 더 끓입니다.

콜라비사과진밥

완료기 | 25분

쌀밥 60g
사과 35g
콜라비 30g
양파 10g
맛국물 300ml

01 사과와 양파는 껍질을 벗기고 썰어 둡니다.
02 콜라비는 껍질을 벗기고 새끼손톱 크기로 깍
    둑 썹니다.
03 냄비에 밥과 맛국물, 콜라비, 사과, 양파를 넣
    고 센 불에서 주걱으로 저어 가며 끓이다가,
    끓어오르면 약한 불로 줄여 뜸을 들입니다.

• 콜라비는 비타민C와 칼슘이 많이 든 채소입니
   다. 남은 콜라비는 그냥 먹어도 괜찮고, 무쳐서
   깍두기를 해도 됩니다.

오징어채소진밥

완료기 | 35분

쌀밥 60g
애호박 35g
오징어 25g
양배추 20g
당근 10g
다시마 가루
맛국물 300ml

01 오징어는 껍질을 벗기고, 살짝 데쳐서 잘게 다
    집니다.
02 애호박, 당근은 껍질을 벗기고 새끼손톱 크기
    로 깍둑 썹니다.
03 양배추는 전잎을 벗기고 적당하게 썰어 둡니
    다.
04 냄비에 밥과 맛국물, 양배추, 오징어, 애호박,
    당근, 다시마 가루를 넣고 센 불에서 주걱으
    로 저어 가며 끓이다가, 끓어오르면 약한 불
    로 줄여 뜸을 들입니다.

• 오징어는 아기에게 좋은 영양분이 많지만, 소화
   를 시키는 것이 조금 힘들 수 있습니다. 처음 오
   징어를 먹을 때는 충분히 씹어 삼키도록 도와
   주세요.

버섯잡채덮밥

반찬 | 25분

돼지고기 45g

당근 35g

양파 40g

만가닥버섯 45g

새송이버섯 40g

간장 · 설탕 · 전분 · 참깨

참기름 · 마늘 · 올리브유

01 돼지고기는 채 썰어 둡니다.

02 당근과 양파는 껍질을 벗기고 채 썹니다.

03 만가닥버섯과 새송이버섯도 당근과 비슷한 길이로 썰어 둡니다.

04 전분은 차가운 물에 풀어 놓습니다.

05 돼지고기, 양파, 당근을 올리브유에 먼저 볶은 다음 버섯을 넣어 볶습니다.

06 간장, 설탕을 넣어서 간을 맞추고 살짝 볶은 다음, 풀어 둔 전분으로 묽기를 맞추고,
마늘, 참깨, 참기름을 넣어 마무리합니다.

오징어무조림

반찬 | 35분

오징어 55g
무 40g
새송이버섯 65g
다진 마늘·간장·설탕·참깨·참기름
맛국물 70ml

01 오징어는 깨끗이 씻어 껍질을 벗긴 뒤 먹기 좋
   은 크기로 잘라 둡니다.
02 무와 새송이버섯은 새끼손톱 크기로 각둑 썹
   니다.
03 양파는 껍질을 벗겨서 깨끗이 씻은 뒤 썰어
   놓습니다.
04 냄비에 오징어와 무, 버섯, 양파, 양념을 넣고
   물을 조금 넣은 다음 센 불에서 끓이다가, 끓
   어오르면 불을 줄여서 재료가 충분히 익을 때
   까지 조립니다.

• 아기가 잘 삼킨다면, 오징어 껍질을 꼭 벗기지
  않아도 됩니다.

순두부찌개

국 | 20분

순두부 60g
소고기 45g
당근 25g
양파 30g
간장·참기름·소금
맛국물 150ml

01 소고기는 핏물을 뺀 뒤 잘게 썰어 둡니다.
02 당근과 양파는 껍질을 벗기고 적당한 크기로
   잘라 둡니다.
03 순두부는 작게 으깨어 둡니다.
04 냄비에 참기름을 살짝 두르고, 소고기, 채소
   를 볶다가 순두부와 맛국물을 넣고 끓입니다.
   끓어오르면 간장, 소금으로 간한 뒤, 약한 불
   에서 끓여 마무리합니다.

자장덮밥

반찬 | 30분

돼지 관심 35g
양파 30g
양배추 30g
애호박 35g
감자 30g
자장 가루 · 감자 전분
맛국물 100ml

01 돼지고기는 새끼손톱 크기로 깍둑썰기 합니다.

02 감자, 양배추, 양파, 애호박은 껍질을 벗겨 돼지고기와 비슷한 크기로 썹니다.

03 냄비에 맛국물과 돼지고기, 감자를 넣고 센 불로 끓입니다. 돼지고기가 익기 시작하면 애호박, 양파, 양배추를 넣고 더 끓입니다. 채소가 익으면 풀어 둔 전분으로 묽기를 맞추고, 자장 가루를 넣어 약한 불에서 저어 가며 끓여서 마무리합니다.

감자들깨국

국 | 25분

감자 45g
무 30g
팽이버섯 20g
들깨 30g
쪽파 15g
소금
맛국물 150ml

01 무와 감자는 얇게 나박 썰고, 팽이버섯은 밑동을 잘라내고 손톱만 한 길이로 썰어 둡니다.

02 들깨는 가루를 내어 놓습니다.

03 냄비에 맛국물과 감자, 무를 넣고 센 불에서 끓입니다.

04 감자와 무가 익으면, 팽이버섯을 넣고 끓입니다.

05 마지막에 들깻가루를 넣고 한소끔 끓인 뒤 쪽파와 소금을 넣고 마무리합니다.

새우달걀덮밥

반찬 | 25분

새우 살 50g
양파 30g
달걀 1개
쪽파 · 참깨 · 참기름 · 전분 · 간장
맛국물 70ml

01 새우 살은 새끼손톱 크기로 다집니다.
02 양파와 쪽파는 겉껍질을 벗기고 다듬어서 새우와 비슷한 크기로 썹니다.
03 달걀은 노른자와 흰자를 섞어서 풀어 둡니다.
04 전분은 차가운 물에 풀어 둡니다.
05 냄비에 맛국물과 새우, 양파를 넣고 끓입니다. 끓어오르면 달걀을 풀어 한두 번 저어 준 다음, 쪽파, 양념을 넣고 전분으로 묽기를 맞추어서 마무리합니다.

가지돼지고기덮밥

반찬 | 30분

돼지 안심 45g
가지 40g
양파 30g
당근 15g
새송이버섯 40g
간장 · 설탕 · 생강즙 · 마늘 · 전분
대파 · 참깨 · 참기름 · 올리브유
맛국물 100ml

01 돼지고기는 새끼손톱 크기로 깍둑썰기 합니다.
02 양파와 당근은 껍질을 벗겨 돼지고기와 비슷한 크기로 썰어 둡니다. 가지와 새송이버섯도 새끼손톱 크기로 썹니다.
03 전분은 차가운 물에 풀어 둡니다.
04 팬에 올리브유를 두르고 돼지고기, 양파, 당근을 볶다가 가지와 새송이버섯을 넣어 볶습니다. 맛국물을 붓고 끓인 후 간장과 준비한 양념을 넣고 한소끔 더 끓입니다.
05 풀어 둔 전분으로 묽기를 맞추고 참깨, 참기름, 쪽파를 넣어 마무리합니다.

황태근대국

국 | 20분

황태 45g
무 30g
근대 20g
콩나물 40g
쪽파·간장
맛국물 150ml

01 황태(북어)는 가시를 발라내고, 잘게 찢어 둡니다.
02 무는 껍질을 벗기고 나박나박 썹니다.
03 콩나물과 근대는 손가락 한 마디 길이로 썰어 둡니다.
04 냄비에 맛국물과 황태, 무를 넣고 끓입니다. 끓어오르면 근대를 넣고 조금 더 끓인 다음, 간장과 쪽파를 넣어 간을 맞추고 한소끔 끓여 마무리합니다.

모듬콩조림

반찬 | 20분

서리태 45g
동부 40g
땅콩 35g
간장·조청·참깨
맛국물 100ml

01 콩은 한 시간 넘게 물에 불려 둡니다.
02 냄비에 맛국물과 불린 콩들을 넣고 센 불에서 끓입니다. 끓어오르면 불을 줄이고 콩을 뒤적이면서 더 끓입니다. 국물이 자작해지면 준비한 양념을 넣고 약한 불에서 저어 가며 끓입니다.
03 다 조려지면 참깨를 뿌려 마무리합니다.

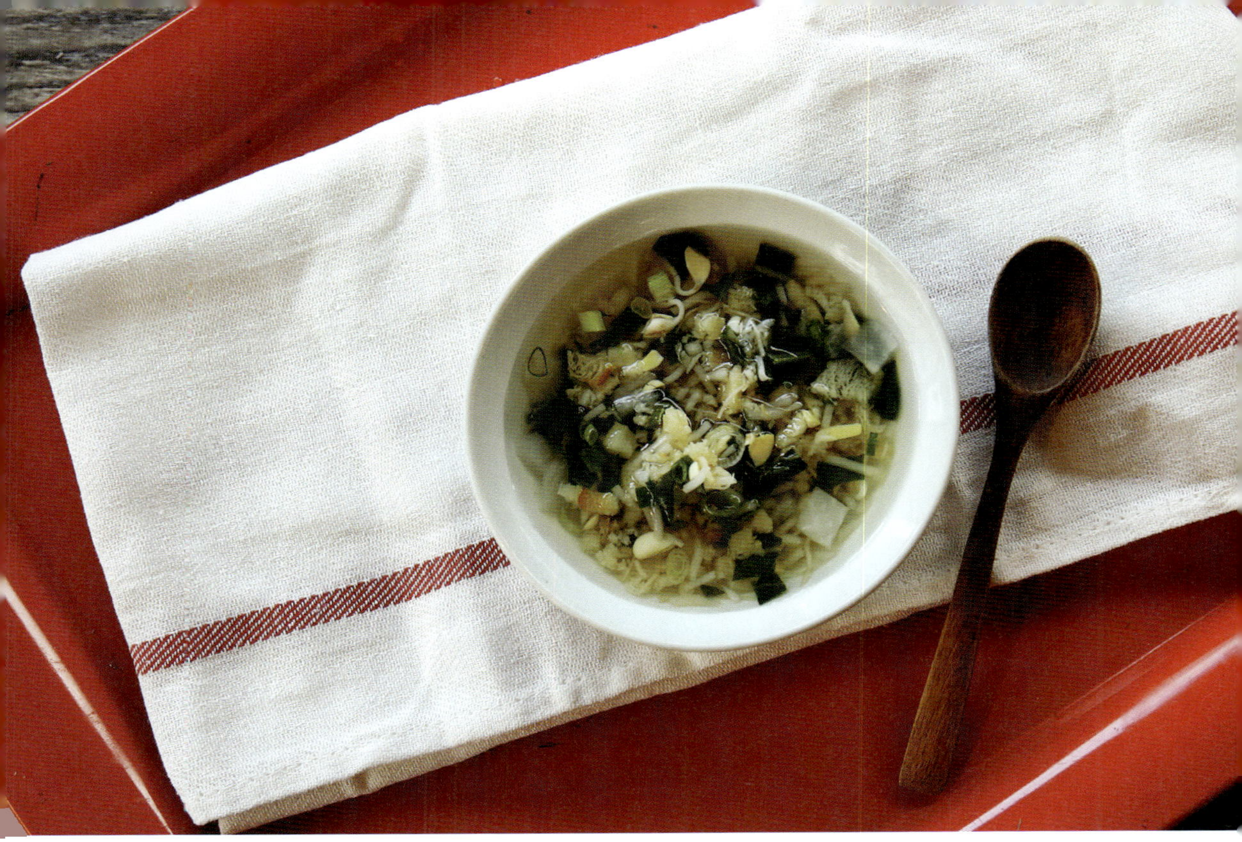
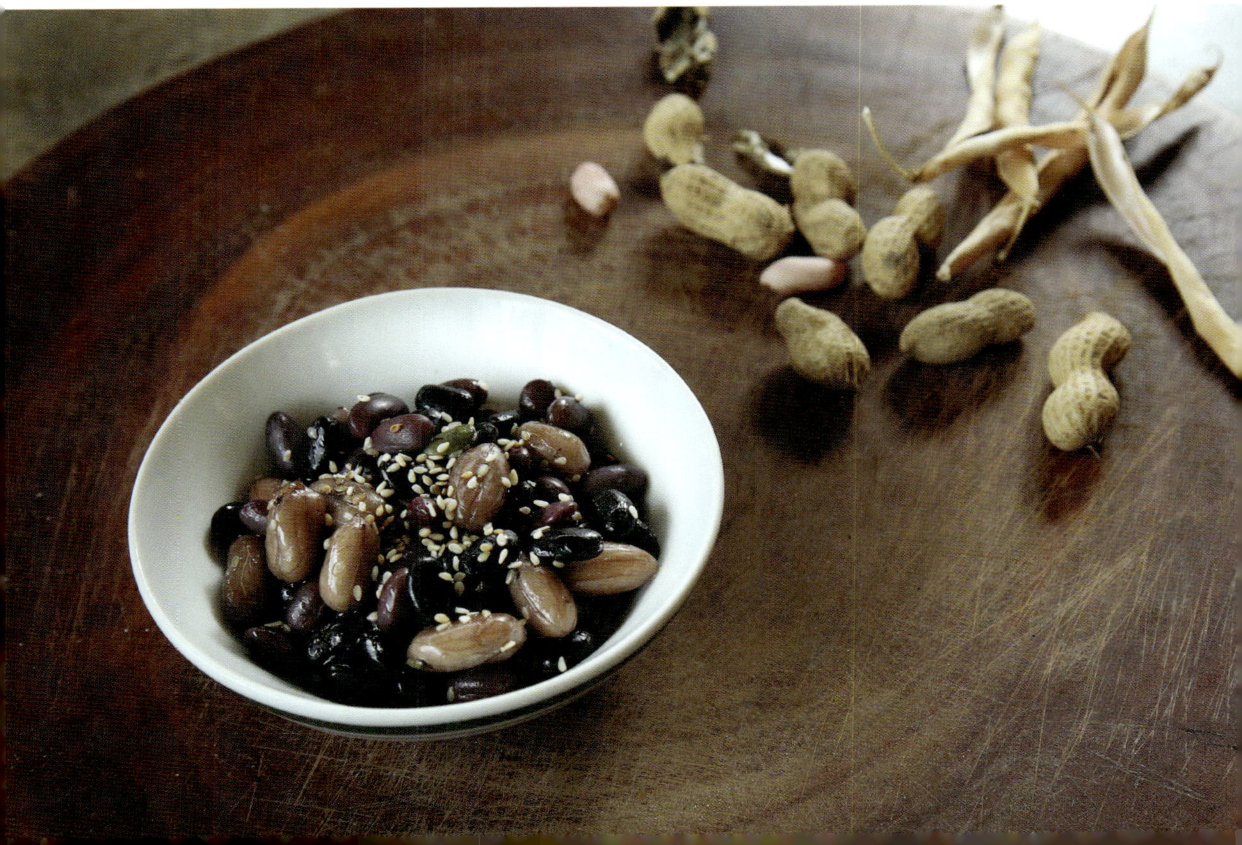

겨울

보미 | 묽은죽 | 옹근죽 | 진밥 | 국과 반찬

눈 내리는 날, 방 안에서 아기를 품고 있을 때, 따뜻한 것이 무엇인지 새롭게 알게 됩니다. 겨울은 바깥은 추위도 안에서는 따뜻한 기운이 차곡차곡 자라나는 때이지요. 풀과 나무도, 짐승도, 물고기도 온몸으로 추위를 버티면서 속으로는 곧 다가올 봄을 준비합니다.

가을에 거둬서 햇볕에 말린 나물은 그 안에 볕이 담겨 있고, 찬 바다에서 건진 바닷것들이나, 겨우내 땅바닥에 붙어서 자라는 나물들은 차가움 속에서도 활기가 넘칩니다.

시금치보미

쌀 10g
시금치 15g
물 150ml

01 불린 쌀을 곱게 갑니다.

02 시금치는 끓는 물에 살짝 데쳐 곱게 갑니다.

03 냄비에 쌀과 물을 넣고 센 불에서 저어 가며 끓이다가, 끓어오르면 시금치를 넣고 불을 약하게 줄인 뒤 원하는 묽기가 될 때까지 끓입니다.

04 체에 주걱으로 눌러 가며 거릅니다.

- 이유식에는 시금치 줄기는 떼어내고 부드러운 잎 부분만 씁니다.

- 사과를 조금 넣어도 괜찮아요. 사과를 넣으면 보미가 조금 묽어질 수 있습니다. 물을 조금 적게 넣거나, 원하는 묽기가 될 때까지 잘 저으며 끓여 주세요.

- 청경채보미와 비타민보미도 같은 방법으로 만들면 되지요. 아기가 푸른 잎채소에 시큰둥하다면 고구마나 단호박처럼 단맛 나는 재료와 함께 섞어 보세요.

- 시금치를 넉넉히 데쳤다면, 남은 것은 물기를 꼭 짠 뒤에 왜간장을 취향껏 넣고 조물거리기만 해도 시금치나물이 완성됩니다. 제철 시금치라면 다진 마늘이나 참기름 없이도 맛있답니다.

무보미

쌀 10g
무 15g
물 150ml

01 불린 쌀을 곱게 갑니다.
02 무는 껍질을 벗기고 끓는 물에 살짝 데쳐서 강
판에 곱게 갑니다.
03 냄비에 쌀과 물을 넣고 센 불에서 저어 가며
끓이다가, 끓어오르면 무를 넣고 불을 약하게
줄인 뒤 원하는 묽기가 될 때까지 끓입니다.
04 체에 주걱으로 눌러 가며 거릅니다.

• 무를 쓸 때, 뿌리 끝부분은 매운맛이 강해서 이
유식 재료로는 좋지 않습니다.
• 무에는 소화효소가 많이 들어 있지요. 감기 걸
린 아이를 돌볼 때는 배를 함께 넣고 보미를 쑤
어 주면 좋답니다.

비트보미

초기 | 15분

쌀 10g
비트 15g
물 150ml

01 비트는 껍질을 벗기고 잘게 잘라 둡니다.
02 불린 쌀과 비트를 곱게 간 다음 체에 걸러 줍
니다.
03 냄비에 갈아 놓은 쌀과 비트, 물을 넣고 센 불
에서 저어 가며 끓이다가, 끓어오르면 불을
약하게 줄인 뒤 원하는 묽기가 될 때까지 끓
입니다.

소고기연두부보미

초기 | 15분

쌀 10g
소고기 20g
연두부 20g
물 150ml

01 불린 쌀을 곱게 갑니다.
02 소고기는 핏물을 뺀 뒤 잘게 다져 볶습니다.
03 연두부는 곱게 으깹니다.
04 냄비에 쌀과 물을 넣고 센 불에서 저어 가며
    끓이다가, 끓어오르면 소고기와 연두부를 넣
    고 불을 약하게 줄인 뒤 원하는 묽기가 될 때
    까지 끓입니다.

• 중기가 되면 여기에 브로콜리를 데쳐 다져 넣고
  묽은죽을 끓여 주세요.

고구마사과보미

초기 | 25분

쌀 10g
고구마 20g
사과 15g
물 130ml

01 불린 쌀을 곱게 갑니다.
02 고구마는 껍질을 벗기고 찜통에 쪄서 으깹니
    다.
03 사과는 껍질을 벗겨 곱게 갑니다.
04 냄비에 쌀과 물, 고구마, 사과를 넣고 센 불에
    서 저어 가며 끓이다가, 끓어오르면 불을 약
    하게 줄인 뒤 원하는 묽기가 될 때까지 끓입니
    다.

흑미서리태보미

초기 | 20분

쌀 10g
흑미 15g
서리태 20g
물 150ml

01 쌀과 흑미를 물에 불렸다가 곱게 갑니다.
02 서리태는 물에 불렸다가 삶아서 곱게 갈아 둡니다.
03 냄비에 쌀과 물, 흑미, 서리태를 넣고 센 불에서 저어 가며 끓이다가, 끓어오르면 불을 약하게 줄인 뒤 원하는 묽기가 될 때까지 끓입니다.

단호박브로콜리보미

초기 | 25분

쌀 10g
단호박 20g
브로콜리 15g
물 150ml

01 불린 쌀을 곱게 갑니다.
02 단호박은 껍질을 벗겨 속과 씨를 도려내고 푹 삶아 으깨어 놓습니다.
03 브로콜리는 꽃송이 부분만 잘라 깨끗이 씻은 뒤 끓는 물에 데쳐 곱게 다집니다.
04 냄비에 쌀과 물을 넣고 센 불에서 저어 가며 끓이다가, 끓어오르면 브로콜리와 단호박을 넣고 불을 약하게 줄인 뒤 원하는 묽기가 될 때까지 끓입니다.

• 단호박 껍질을 벗길 때는 필러를 쓰세요. 찜기에 찐 다음 껍질을 벗기면 더 쉽습니다.
• 단호박에는 비타민C가 많이 들어 있어요. 기관지 건강에도 좋은 음식이라 감기로 기운 없는 아이한테 큰 도움이 됩니다.

소고기파래김묽은죽

중기 | 25분

쌀 20g
녹미 10g
소고기 20g
양파 5g
파래김 ¼장
맛국물 200ml

01 쌀을 불려서 갈아 놓거나, 밥을 지어서 으깨어 놓습니다.

02 녹미도 물에 불려 곱게 갑니다.

03 소고기는 핏물을 뺀 뒤 잘게 다져 볶습니다.

04 양파도 잘게 다져 볶습니다.

05 파래김은 구워 놓습니다.

06 냄비에 맛국물과 쌀, 녹미를 넣고 센 불에서 주걱으로 저어 가며 끓이다가, 소고기
    를 넣고 끓어오르면 약한 불로 줄인 뒤 양파를 넣고, 김은 부수어 넣습니다. 쌀알이
    퍼질 때까지 끓입니다.

서리태미역묽은죽

중기 | 25분

쌀 20g
서리태 25g
미역 20g
참깨 5g
맛국물 200ml

01 쌀을 불려서 갈아 놓거나, 밥을 지어서 으깨어
    놓습니다.
02 서리태는 물에 불렸다가 삶아서 갈아 둡니다.
03 미역은 물에 불려 잘게 다집니다.
04 참깨는 곱게 빻습니다.
05 냄비에 맛국물과 쌀, 서리태, 미역을 넣고 센
    불에서 주걱으로 저어 가며 끓이다가, 끓어오
    르면 약한 불로 줄여 참깨 가루를 넣고, 쌀알
    이 퍼질 때까지 끓입니다.

강낭콩고구마묽은죽

중기 | 25분

쌀 20g
고구마 20g
강낭콩 20g
맛국물 200ml

01 쌀을 불려서 갈아 놓거나, 밥을 지어서 으깨어
    놓습니다.
02 고구마는 껍질을 벗기고 찜통에 쪄서 으깹니
    다.
03 강낭콩은 물에 불린 뒤 삶아서 갈아 둡니다.
04 냄비에 맛국물과 쌀, 고구마, 강낭콩을 넣고
    센 불에서 주걱으로 저어 가며 끓이다가, 끓
    어오르면 약한 불로 줄여 쌀알이 퍼질 때까지
    끓입니다.

• 고구마는 열을 가해도 영양소가 잘 파괴되지 않
  아서 이유식 재료로 좋습니다.

팽이버섯감자묽은죽

쌀 20g
팽이버섯 25g
감자15g
당근 3g
맛국물 200ml

01 쌀을 불려서 갈아 놓거나, 밥을 지어서 으깨어
    놓습니다.
02 감자는 껍질을 벗기고 삶아서 으깨어 둡니다.
03 팽이버섯은 밑동을 잘라내고 썻은 뒤 다듬어
    서 잘게 다집니다.
04 냄비에 맛국물과 쌀, 감자를 넣고 센 불에서
    주걱으로 저어 가며 끓이다가, 끓어오르면 약
    한 불로 줄여 팽이버섯을 넣고 쌀알이 퍼질 때
    까지 끓입니다.

미역들깨묽은죽

쌀 20g
미역 20g
들깨 20g
맛국물 200ml

01 쌀을 불려서 갈아 놓거나, 밥을 지어서 으깨어
    놓습니다.
02 미역은 물에 불려 잘게 다집니다.
03 들깨는 가루를 내어 놓습니다.
04 냄비에 맛국물과 쌀, 미역을 넣고 센 불에서
    주걱으로 저어 가며 끓이다가, 끓어오르면 들
    깻가루를 넣고 약한 불로 줄여 쌀알이 퍼질
    때까지 끓입니다.

비트고구마묽은죽

중기 | 25분

쌀 20g
비트 15g
고구마 25g
맛국물 200ml

01 쌀을 불려서 갈아 놓거나, 밥을 지어서 으깨어
    놓습니다.
02 비트는 껍질을 벗겨 끓는 물에 데친 후 잘게
    다집니다.
03 고구마는 껍질을 벗겨 찐 다음 으깹니다.
04 냄비에 맛국물과 쌀을 넣고 센 불에서 주걱으
    로 저어 가며 끓이다가, 끓어오르면 비트와 고
    구마를 넣고 약한 불로 줄여 쌀알이 퍼질 때
    까지 끓입니다.

• 비트는 데친 다음 믹서에 갈아서 쓰면 편하답니
  다. 남은 비트는 조금씩 나눠 담아 냉동실에 얼
  려 두세요.

닭고기새송이묽은죽

중기 | 25분

쌀 15g
닭가슴살 20g
흑미 10g
새송이버섯 15g
양파 5g
맛국물 200ml

01 쌀을 불려서 갈아 놓거나, 밥을 지어서 으깨어
    놓습니다.
02 흑미는 물에 불려 갑니다.
03 닭가슴살은 끓는 물에 푹 익힌 다음 잘게 다
    집니다.
04 새송이버섯과 양파는 씻어서 잘게 다집니다.
05 냄비에 맛국물과 쌀, 흑미를 넣고 센 불에서
    주걱으로 저어 가며 끓이다가, 끓어오르면 닭
    고기와 버섯, 양파를 넣고 약한 불로 줄여 쌀
    알이 퍼질 때까지 끓입니다.

닭고기비트옹근죽

후기 | 25분

쌀밥 65g
녹미 15g
닭가슴살 30g
감자 25g
비트 20g
맛국물 400ml

01 녹미는 물에 불려 곱게 갑니다.

02 닭가슴살은 끓는 물에 푹 익힌 다음 잘게 다집니다.

03 감자와 비트는 껍질을 벗겨 다집니다.

04 냄비에 맛국물과 미리 지어 둔 밥, 녹미를 넣고 센 불에서 주걱으로 저어 가며 끓이다가, 끓어오르면 닭고기와 채소를 넣고 약한 불로 줄여 쌀알이 퍼질 때까지 끓입니다.

• 비트는 채소 가운데 철분이 많은 편입니다. 면역력도 높인다고 하지요.

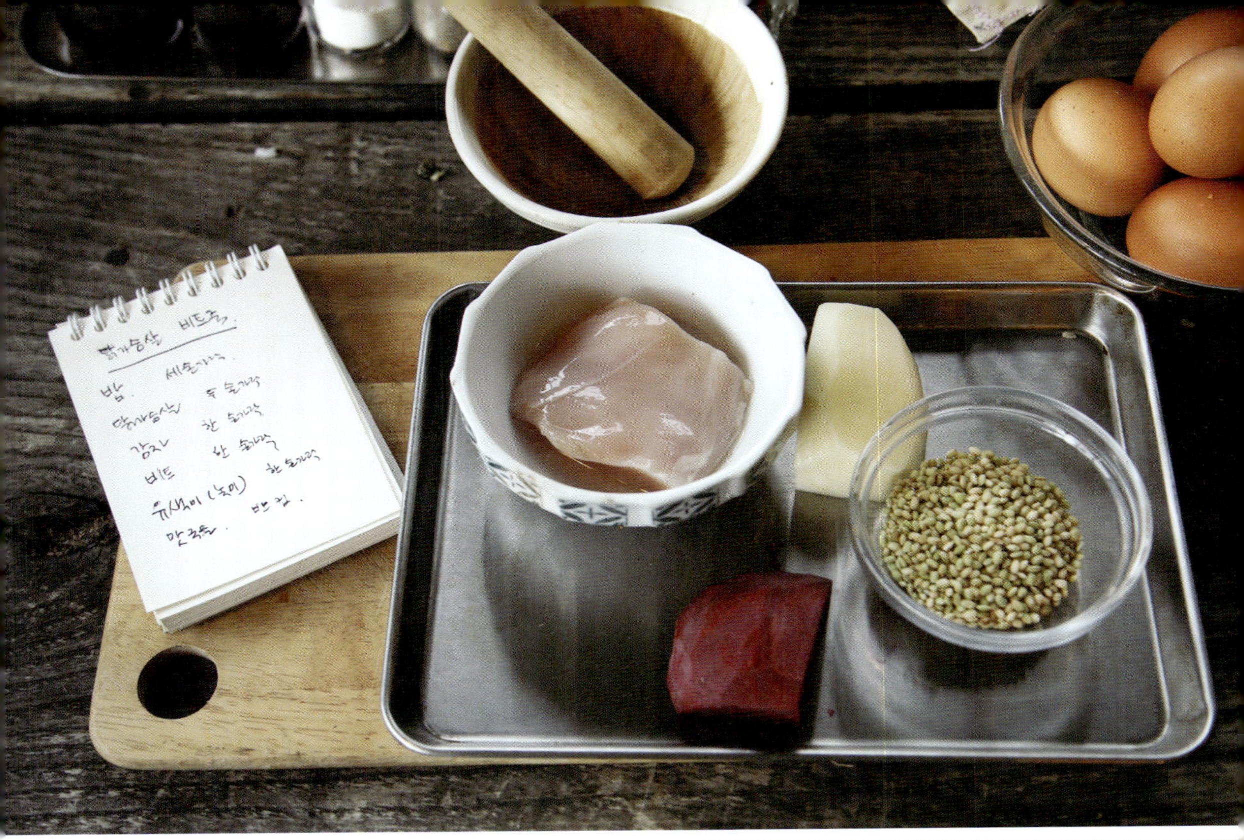
닭가슴살 비트죽
밥 세 숟가락
닭가슴살 두 숟가락
감자 한 숟가락
비트 한 숟가락
유색미(녹미) 한 숟가락
맛국물 반 컵

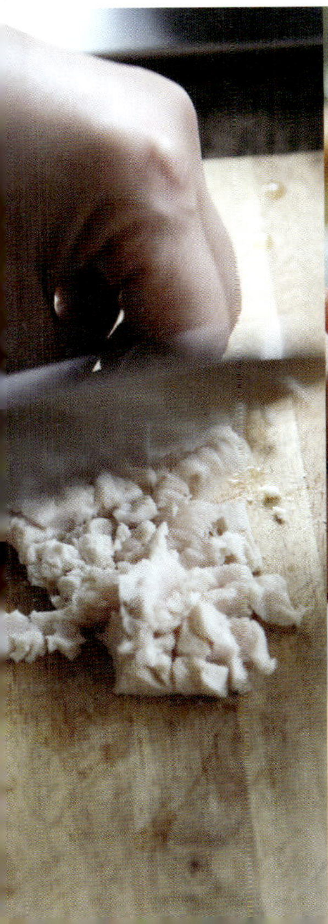

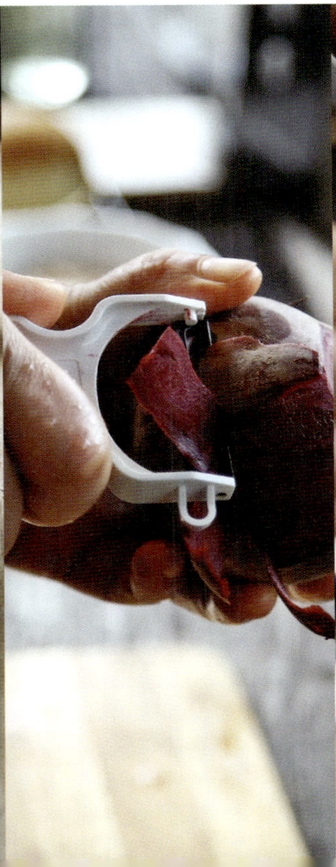

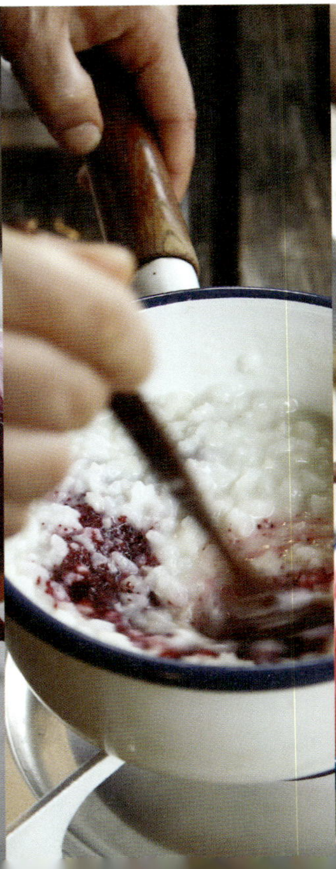

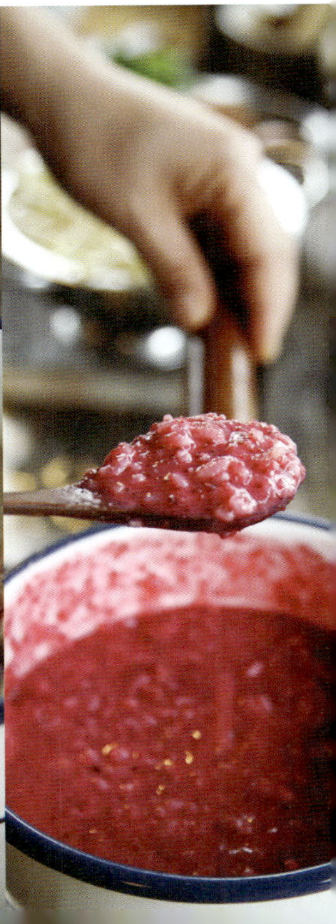

소고기다시마옹근죽

후기 | 30분

쌀밥 65g
소고기 30g
다시마 10g
당근 5g
양파 5g
브로콜리 25g
맛국물 400ml

01 소고기는 핏물을 뺀 뒤 작게 다져 볶습니다.
02 다시마는 물에 불렸다가 다집니다.
03 당근과 양파는 껍질을 벗겨 다집니다.
04 브로콜리는 단단한 줄기 부분은 빼고 데친 뒤 다집니다.
05 냄비에 맛국물과 밥, 다시마를 넣고 센 불에서 주걱으로 저어 가며 끓이다가, 끓어오르면 소고기와 채소를 넣고 약한 불로 줄여 쌀알이 퍼질 때까지 끓입니다.

시금치당근생선옹근죽

후기 | 30분

쌀밥 70g
달고기 20g
시금치 25g
당근 10g
양파 10g
찹쌀 15g
맛국물 400ml

01 찹쌀은 물에 불려서 갈아 놓습니다.
02 달고기는 가시를 발라 끓는 물에 살짝 데친 뒤 다집니다.
03 양파와 당근은 껍질을 벗겨 다집니다.
04 시금치는 끓는 물에 데쳐 다집니다.
05 냄비에 맛국물과 밥, 찹쌀을 넣고 센 불에서 주걱으로 저어 가며 끓이다가, 끓어오르면 생선과 채소를 넣고 약한 불로 줄여 쌀알이 퍼질 때까지 끓입니다.

흰살생선미역옹근죽

후기 | 25분

쌀밥 65g
달고기 20g
미역 25g
양파 15g
맛국물 400ml

01 미역은 물에 불렸다가 다집니다.
02 달고기는 가시를 발라 끓는 물에 살짝 데친 뒤 다집니다.
03 양파는 껍질을 벗겨 다집니다.
04 냄비에 맛국물과 밥, 미역을 넣고 센 불에서 주걱으로 저어 가며 끓이다가, 끓어오르면 생선과 채소를 넣고 약한 불로 줄여 쌀알이 퍼질 때까지 끓입니다.

서리태대추영양옹근죽

후기 | 35분

쌀밥 65g
서리태 20g
대추 15g
검은깨 10g
단호박 30g
맛국물 350ml

01 서리태는 물에 불렸다가 삶아서 갈아 둡니다.
02 단호박은 껍질을 벗겨 씨를 발라낸 다음 쪄서 으깹니다.
03 대추는 씨를 발라내고 다집니다.
04 검은깨는 곱게 갑니다.
05 냄비에 맛국물과 밥, 서리태, 대추를 넣고 센 불에서 주걱으로 저어 가며 끓이다가, 끓어오르면 단호박과 검은깨를 넣고 약한 불로 줄여 쌀알이 퍼질 때까지 끓입니다.

양송이감자옹근죽

후기 | 25분

쌀밥 65g
양송이버섯 30g
감자 20g
양배추 15g
맛국물 450ml

01 감자는 껍질을 벗겨 삶아서 으깨어 둡니다.
02 양송이버섯은 밑동을 도려내고 껍질을 벗겨
다집니다.
03 양배추는 겉잎을 떼어 내고 씻어서 다집니다.
04 냄비에 맛국물과 밥, 감자, 양배추를 넣고 센
불에서 주걱으로 저어 가며 끓이다가, 끓어오
르면 양송이버섯을 넣고 약한 불로 줄여 쌀알
이 퍼질 때까지 끓입니다.

고구마타락옹근죽

후기 | 25분

쌀밥 65g
고구마 30g
감자 20g
맛국물 400ml
산양유 50ml

01 고구마와 감자는 껍질을 벗겨 삶아서 으깨어
둡니다.
02 냄비에 맛국물과 밥, 감자, 고구마를 넣고 센
불에서 주걱으로 저어 가며 끓이다가, 끓어오
르면 산양유를 넣고 약한 불로 줄여 쌀알이
퍼질 때까지 끓입니다. 산양유가 눋지 않게 잘
저어 줍니다.

돼지고기우엉진밥

완료기 | 30분

쌀밥 60g
돼지 안심 30g
우엉 20g
무 25g
양파 10g
당근 10g
맛국물 350ml

01 돼지고기는 핏물을 빼고 작게 깍둑썰기 합니다

02 우엉은 껍질을 벗긴 후 삶아서 다집니다.

03 무, 양파, 당근은 껍질을 벗겨 새끼손톱 크기로 썹니다.

04 냄비에 맛국물과 미리 지어 둔 밥, 돼지고기, 준비한 채소를 넣고 센 불에서 끓입니
    다. 끓어오르면 약한 불로 줄여서 뜸을 들입니다.

• 우엉을 삶을 때 식초를 몇 방울 넣으면, 너무 물러지지 않고 떫은맛이 줄어들어요. 색
  깔도 누렇게 변하지 않습니다.

브로콜리달걀진밥

완료기 | 20분

쌀밥 60g
브로콜리 35g
달걀 노른자 반 개
양파 15g
맛국물 300ml

01 브로콜리는 끓는 물에 살짝 데쳐 다지고, 양
    파도 껍질을 벗겨 다집니다.
02 달걀 노른자를 미리 풀어 둡니다.
03 냄비에 맛국물과 밥, 다져 놓은 양파를 넣고
    센 불에서 끓입니다.
04 끓어오르면 브로콜리를 넣고 약한 불에서 끓
    이다가 달걀노른자를 넣어 뜸을 들입니다.

• 달걀에는 다른 영양소는 풍부하지만 비타민C
  가 없어요. 브로콜리처럼 비타민C가 풍부한 채
  소와 함께 조리하면 자라나는 아기들에게 큰 도
  움이 됩니다.

소고기미역채소진밥

완료기 | 25분

쌀밥 50g
흑미 10g
소고기 30g
무 25g
미역 20g
당근 10g
양파 10g
맛국물 350ml

01 흑미는 물에 불려 갑니다.
02 소고기는 핏물을 뺀 뒤 다져서 볶습니다.
03 미역은 물에 불렸다가 다집니다.
04 당근, 양파, 무는 껍질을 벗기고 새끼손톱 크
    기로 썹니다.
05 냄비에 맛국물과 밥, 흑미, 소고기, 미역, 채
    소를 넣고 센 불에서 주걱으로 저어 가며 끓
    이다가, 끓어오르면 약한 불에서 뜸을 들입니
    다.

• 흑미나 녹미 같은 유색미가 없다면 현미를 대신
  써도 됩니다.

흰살생선콩나물진밥

완료기 | 30분

쌀밥 60g
녹미 5g
달고기 20g
콩나물 30g
애호박 25g
양파 10g
맛국물 300ml

01 녹미는 물에 불려 갑니다.
02 달고기는 가시를 발라 끓는 물에 살짝 데친 뒤 다집니다.
03 애호박과 양파, 콩나물도 새끼손톱만 하게 썹니다.
04 냄비에 맛국물과 밥, 녹미, 생선, 채소를 넣고 센 불에서 주걱으로 저어 가며 끓이다가, 끓어오르면 약한 불에서 뜸을 들입니다.

• 콩나물 대신 숙주나물을 넣어도 괜찮아요.

고구마멸치비트진밥

완료기 | 30분

쌀밥 60g
찹쌀 10g
고구마 35g
잔멸치 20g
비트 15g
양파 5g
당근 5g
맛국물 350ml

01 찹쌀은 물에 불려서 갑니다.
02 고구마는 끓는 물에 삶아서 껍질을 벗긴 다음, 으깹니다.
03 양파와 당근, 비트는 껍질을 벗기고 작게 다집니다.
04 멸치는 흐르는 물에 살짝 씻은 뒤 다집니다.
05 냄비에 맛국물과 밥, 찹쌀, 고구마, 잔멸치, 채소를 넣고 센 불에서 주걱으로 저어 가며 끓이다가, 끓어오르면 약한 불에서 뜸을 들입니다.

소고기우거지된장진밥

완료기 | 30분

쌀밥 50g
소고기 35g
우거지 20g
무 20g
된장 10g
맛국물 300ml

01 우거지는 푹 삶아서 다집니다.
02 소고기는 핏물을 빼고 다져 볶습니다.
03 무는 새끼손톱 크기로 나박나박 썹니다.
04 냄비에 미리 지어 둔 밥과 맛국물, 우거지, 소
고기, 무를 넣고 된장을 푼 다음 끓이다가, 끓
어오르면 약한 불로 줄여 뜸을 들입니다.

두부미역들깨진밥

완료기 | 20분

쌀밥 60g
두부 30g
미역 25g
들깨 20g
양파 5g
맛국물 300ml

01 미역은 불려서 다집니다.
02 두부는 곱게 으깨어 둡니다.
03 양파는 껍질을 벗겨 다집니다.
04 들깨는 가루를 내어 놓습니다.
05 냄비에 미리 지어 둔 밥과 맛국물, 미역, 양파,
들깻가루를 넣고 끓이다가, 끓어오르면 약한
불로 줄여 두부를 넣고 뜸을 들입니다.

소고기장조림

반찬 | 40분

소고기 50g
메추리알 6개
양파 15g
만가닥버섯 35g
다진 마늘·조청·간장·참깨·참기름
맛국물 50ml

01 소고기는 물에 담가서 핏물을 뺀 다음, 푹 삶
    아서 잘게 찢어 둡니다.

02 메추리알은 삶은 후 껍질을 벗깁니다.

03 양파는 껍질을 벗기고 썰어 둡니다.

04 만가닥버섯은 새끼손톱 크기로 썹니다.

05 냄비에 맛국물과 소고기를 넣고 센 불에서 끓
    입니다. 물이 끓어오르면 메추리알, 버섯, 양
    념을 넣고 약한 불로 조립니다. 조린 다음 참
    기름, 참깨를 넣어 마무리합니다.

달걀파래김국

국 | 10분

달걀 1개
파래김 ¼장
쪽파·간장·참기름
맛국물 150ml

01 파래김은 불에 살짝 구워 둡니다.

02 맛국물에 파래김을 넣고 센 불에서 끓입니다.

03 끓어오르면 준비한 양념을 넣고 달걀을 풀어
    한소끔 더 끓여서 마무리합니다.

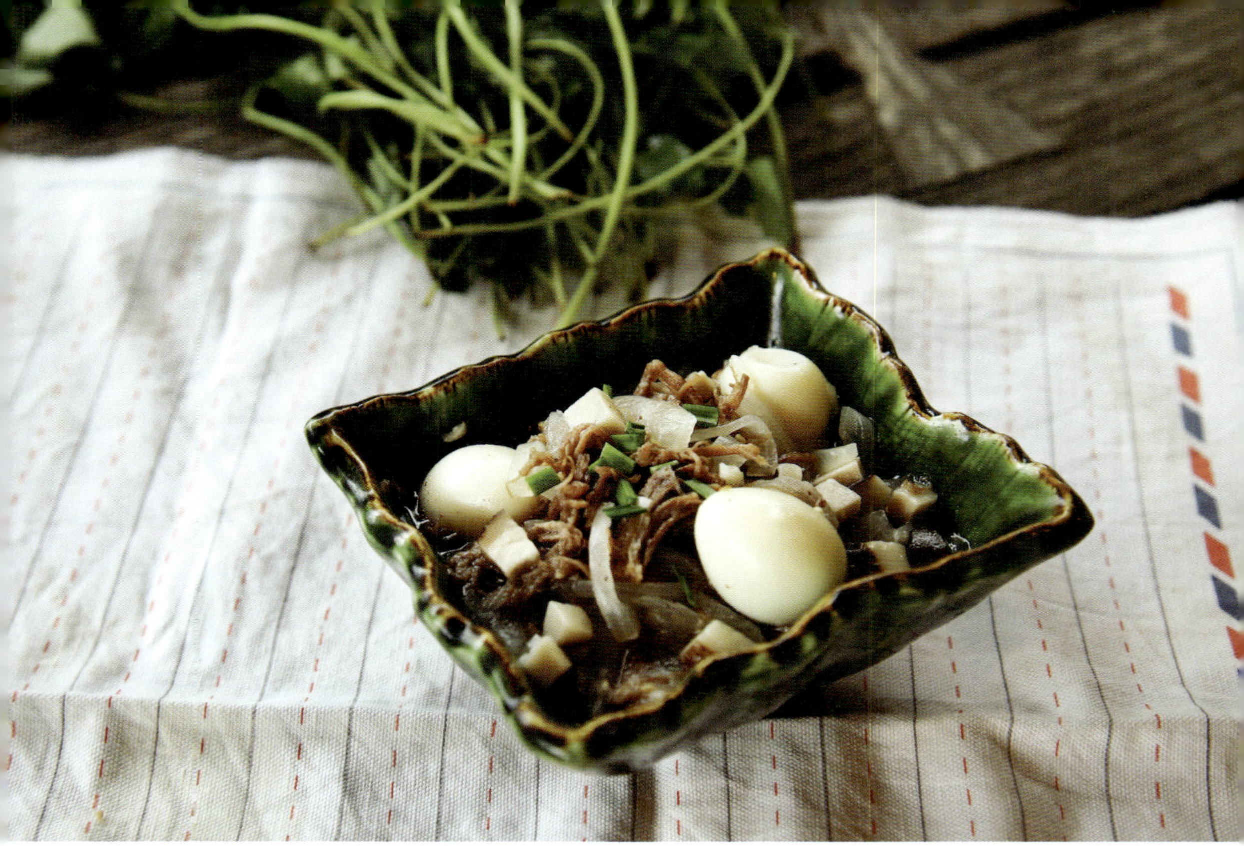

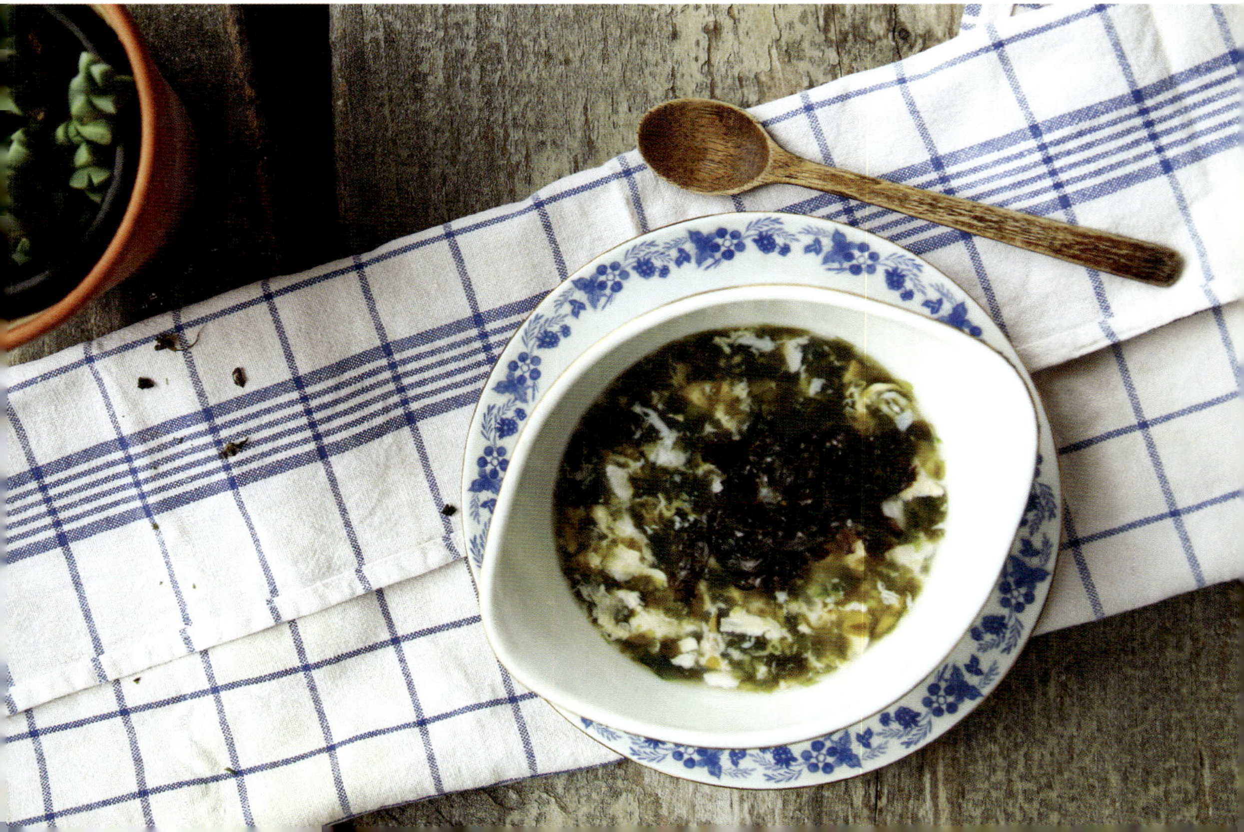

생선살미역국

국 | 25분

미역 40g
달고기 25g
팽이버섯 30g
된장 · 마늘
맛국물 150ml

01 달고기는 가시를 발라 끓는 물에 살짝 데친
   뒤 다집니다.
02 미역은 물에 불렸다가 잘게 잘라 둡니다.
03 팽이버섯은 밑동을 잘라내고 손가락 한 마디
   길이로 썹니다.
04 냄비에 맛국물과 흰살생선, 된장을 넣고 센 불
   로 끓이다가, 끓어오르면 팽이버섯, 미역, 마
   늘을 넣고 약한 불에서 조금 더 끓여 마무리
   합니다.

돼지고기마파두부

반찬 | 25분

돼지고기 50g
두부 35g
당근 15g
애호박 30g
양파 20g
이슬송이버섯 30g
감자전분 · 된장 · 참기름 · 참깨
맛국물 80ml

01 돼지고기는 핏물을 뺀 뒤 새끼손톱 크기로 깍
   둑썰기 합니다.
02 애호박, 당근, 이슬송이버섯은 깍둑 썰고, 양
   파는 껍질을 벗겨 썹니다.
03 두부는 먹기 좋은 크기로 네모지게 썹니다.
04 전분은 찬물에 풀어 둡니다.
05 냄비에 맛국물과 돼지고기를 넣고 센 불로 끓
   입니다. 고기가 익기 시작하면 준비한 채소와
   버섯을 넣습니다. 된장, 참기름, 참깨를 넣고
   약한 불에서 더 끓이다가 전분으로 묽기를 맞
   추고 마무리합니다.

두반장해초덮밥

반찬 | 20분

톳 40g
파래 30g
두부 50g
호박 10g
두반장 · 전분 · 설탕 · 참깨
맛국물 80ml

01 톳, 파래는 흐르는 물에 잘 씻은 다음, 작게 썰
    어 둡니다.
02 두부는 먹기 좋은 크기로 네모지게 썹니다.
03 호박도 두부와 비슷한 크기로 썹니다.
04 전분은 찬물에 풀어 둡니다.
05 냄비에 톳, 파래와 맛국물을 넣고 센 불에서
    끓입니다. 끓어오르면 두부와 호박을 넣고,
    두반장, 설탕을 풀어 줍니다. 약한 불에서 더
    끓이다가 전분으로 묽기를 맞추고 참깨를 뿌
    려서 마무리합니다.

• 톳이나 파래 대신 모자반, 매생이, 생김, 꼬시래
  기 같은 바다나물로 해도 좋아요.

매생이굴국

국 | 15분

굴 35g
매생이 50g
간장 · 쪽파
맛국물 150ml

01 매생이는 흐르는 물에 잘 씻은 다음 숭숭 썰
    어 둡니다.
02 굴은 소금물에 흔들어 씻은 다음, 물기를 빼
    고 작게 다집니다.
03 쪽파는 송송 썹니다.
04 냄비에 맛국물과 굴, 매생이를 넣고 센 불에
    서 끓입니다. 끓어오르면 간장, 쪽파를 넣고
    약한 불에서 조금 더 끓여 마무리합니다.

소고기무국

국 | 25분

소고기 35g
두부 30g
무 25g
감자 20g
쪽파 · 간장 · 참기름 · 소금
맛국물 150ml

01 소고기는 핏물을 빼고, 작게 썹니다.
02 무와 감자는 껍질을 벗기고 같은 크기로 나박
    썰기 합니다.
03 두부는 먹기 좋은 크기로 네모지게 썹니다.
04 쪽파는 송송 썰어 둡니다.
05 냄비에 참기름을 두르고 소고기, 무, 감자를
    넣고 볶아 줍니다.
06 맛국물을 붓고 더 끓이다가, 끓어오르면 쪽파
    와 준비한 양념을 넣고 약한 불에서 끓인 다
    음 마무리합니다.

백김치

반찬 | 20분

배추 80g
배 30g
무 30g
생강 · 마늘 · 소금
물 적당량

01 배추와 무는 나박나박 썰어 소금을 뿌린 뒤
    살짝 절입니다.
02 배는 껍질을 벗기고 나박썰기 합니다.
03 마늘과 생강은 얇게 져며 놓습니다.
04 적당한 통에 절인 배추와 무를 넣고 물을 붓
    습니다.
05 배, 생강, 마늘을 넣고 저어 준 다음 서늘한 곳
    에서 익힙니다.

• 비트를 조금 곁들여도 좋아요. 맛도 좋고, 보기
  에도 더 좋지요.

닭고기고구마카레볶음

반찬 | 30분

닭가슴살 35g
고구마 40g
양파 20g
당근 10g
카레 가루 15g
대파
맛국물 80ml

01 닭가슴살은 새끼손톱 크기로 깍둑썰기 합니다.

02 고구마, 양파, 당근은 껍질을 벗기고 서로 비슷한 크기로 깍둑썰기 합니다.

03 대파는 잘게 다집니다.

04 카레 가루는 찬물에 풀어 둡니다.

05 맛국물에 닭고기와 채소를 넣고 센 불에서 끓입니다. 끓어오르면 카레 가루를 푼 물과 대파를 넣고 잘 저어 가며 끓입니다. 국물이 자작해질 때까지 끓여 마무리합니다.

돼지고기우거지찜

반찬 | 40분

돼지고기 40g
우거지 45g
양파 20g
멸치 가루 · 된장 · 다진 마늘 · 대파 · 들깨
맛국물 100ml

01 돼지고기는 핏물을 빼고 새끼손톱 크기로 깍둑썰기 합니다.

02 우거지는 씻어서 삶은 다음, 숭숭 썰어 둡니다.

03 들깨는 가루를 내어 놓습니다.

04 냄비에 맛국물과 돼지고기, 우거지를 넣고 센 불에서 끓입니다. 끓어오르면 준비한 양념을 넣고 약한 불에서 뭉근하게 끓입니다. 우거지가 푹 익도록 오래 끓여 마무리합니다.

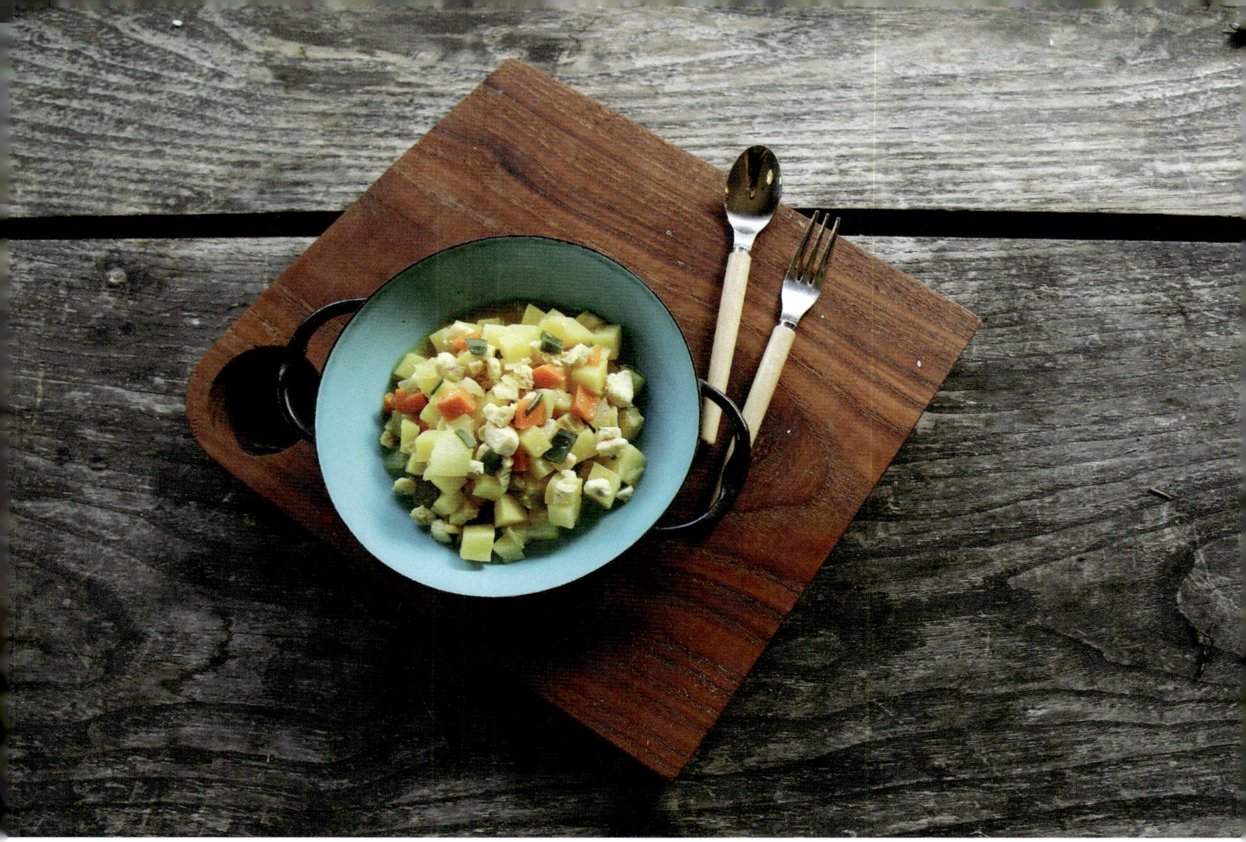

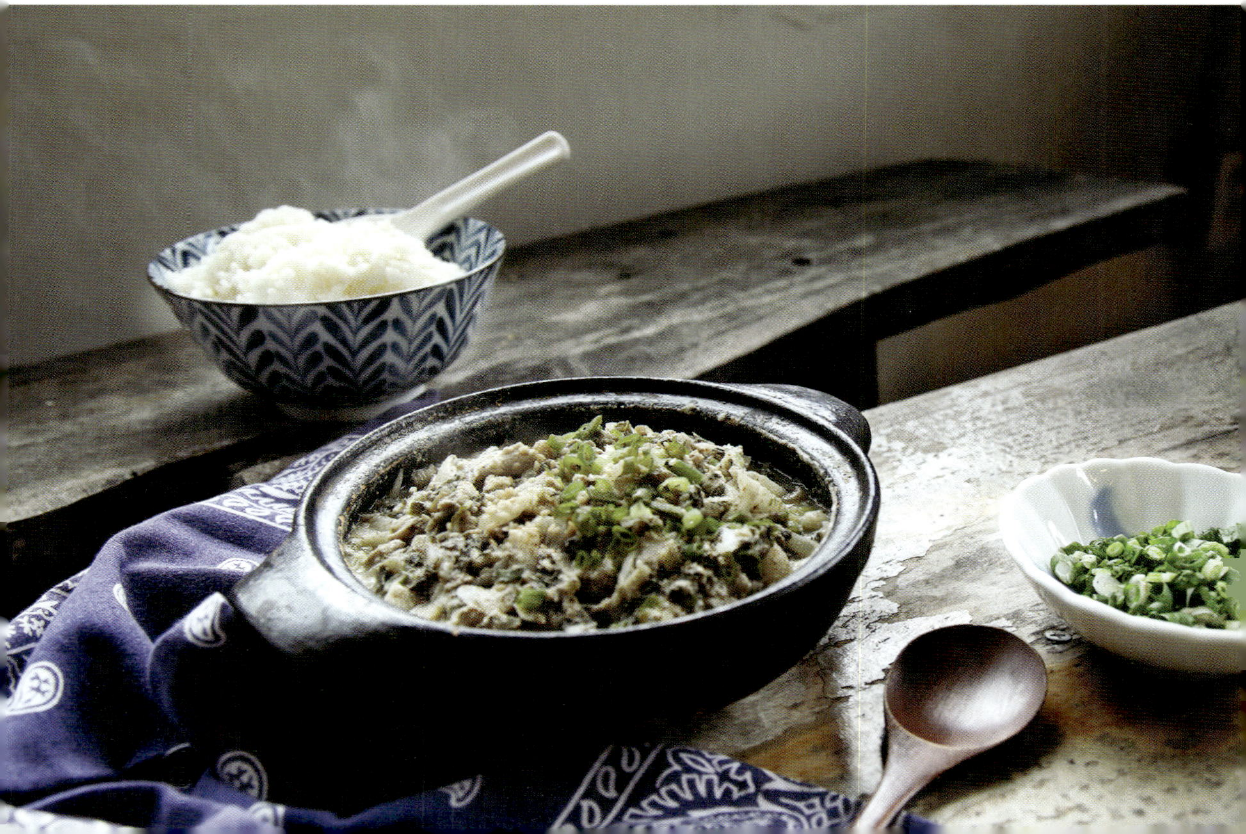

돌봄

엄마 손은 약손, 약손 이유식

아기가 아픕니다. 아픈 아이를 보는 것 만큼 힘든 일이 없습니다. 마음도 그렇고 몸도 그렇습니다. 하지만 아픈 것도 얼마쯤은 아기가 자라면서 잘 겪어야 하는 일이지요.

아픈 몸을 잘 돌보는 이유식이 어떤 것인지 적어 둡니다. 아기가 건강한 모습으로 돌아오는 데에 힘이 될 겁니다.

변비가 있을 때

이유식을 시작하면서 새로운 먹을거리를 접하게 되면 재료에 따라 아기가 변비에 시달리기도 합니다. 당장 먹을거리를 바꾸기가 쉽지 않을 때는 따뜻한 손으로 아기 배를 여러 차례 문질러 주어도 도움이 된답니다.

시원하게 응가를 못 해 끙끙대는 아기들한테는 브로콜리, 가지, 고구마, 미역, 시금치, 파프리카, 청경채, 양배추처럼 섬유질이 많이 든 재료로 이유식을 만들어 주면 좋지요. 수분 공급도 중요해요. 몸속에 물기가 모자라 응가가 단단해지기도 하니까요. 모유나 분유 먹는 양이 너무 줄지는 않았는지 살피고 물을 자주 마시게 하는 것이 좋아요.

참깨연근미역옹근죽

돌봄 | 25분

쌀밥 65g
흑미 15g
연근 30g
미역 20g
참깨 10g
양파 5g
맛국물 400ml

01 쌀밥은 살짝 갈아 줍니다.
02 흑미도 물에 불려서 살짝 갑니다.
03 연근은 껍질을 벗기고 끓는 물에 살짝 데친 뒤 다지고, 양파와 불린 미역도 다져 놓습니다.
04 냄비에 맛국물과 밥, 흑미, 연근, 미역, 양파를 넣고 센 불에서 주걱으로 저어 가며 끓이다가, 끓어오르면 약한 불로 줄여 원하는 묽기가 될 때까지 끓입니다. 그릇에 담은 다음 참깨를 뿌려 주세요.

• 아프지 않은 아기에게 먹일 거라면 쌀밥은 굳이 갈지 않아도 됩니다.

감기에 걸렸을 때

감기에 걸린 아기들은 입맛도 소화력도 떨어집니다. 그럴 때는 입맛을 돋우고 쉽게 소화시킬 수 있는 재료로 이유식을 만들어 주면 좋아요.

기관지 건강에 좋은 배나 당근, 비타민C가 많이 든 귤이나 사과 같은 과일이 도움이 됩니다. 단호박, 브로콜리, 시금치, 당근, 감자, 고구마, 오이 따위 채소에도 비타민C가 많이 들어 있어서 기운 없이 처져 있는 아기들 회복에 좋아요. 무처럼 소화에 좋은 재료도 감기 다스리는 데 빼놓을 수 없겠지요.

먹던 단계가 아니더라도 아기의 상태에 따라 보미나 묽은죽을 주셔도 괜찮답니다. 그리고 따뜻한 보리차를 자주 먹입니다. 돌 지난 아기라면 감잎차도 도움이 됩니다.

소고기새송이버섯옹근죽

돌봄 | 30분

쌀밥 65g

홍미 10g

소고기 30g

감자 25g

무 20g

새송이버섯 20g

양파 5g

맛국물 400ml

01 쌀밥은 살짝 갈아 줍니다.

02 홍미도 불려서 살짝 갑니다.

03 소고기는 핏물을 뺀 뒤 잘게 다져 볶습니다.

04 감자와 무, 양파는 껍질을 벗겨 잘게 다집니다.

05 냄비에 맛국물과 밥, 홍미, 소고기, 감자, 무, 버섯, 양파를 넣고 센 불에서 주걱으로 저어가며 끓이다가 끓어오르면 약한 불로 줄여 원하는 묽기가 될 때까지 끓입니다.

• 아프지 않은 아기에게 먹일 거라면 쌀밥은 굳이 갈지 않아도 됩니다.

입병이 났을 때

큰 병은 아니지만 아기도 엄마도 정말 힘이 듭니다. 혓바늘만 돋아도 불편한데 수족구에 걸리거나 구내염으로 입안이 헐면 당장 먹는 일이 큰일이니까요.

아이가 음식을 삼키기가 어려울 정도로 힘들어한다면 월령에 상관없이 묽게 쑨 보미를 먹이는 것이 좋습니다. 되도록 자극적이지 않은 재료로 만들어야겠지요. 사이사이 찬물이나 차가운 주스를 주는 것도 아픔을 더는 데 도움이 된답니다.

연두부고구마범벅

돌봄 | 15분

연두부 40g
고구마 80g

01 고구마는 푹 삶아서 곱게 으깨고, 연두부는 끓는 물에 살짝 데친 뒤 으깹니다.
02 으깨 놓은 고구마와 연두부를 잘 저어서 섞습니다.

- 손절구질이 힘들다면 믹서에 넣고 갈아도 괜찮아요. 이때 모유나 분유를 조금 넣으면 손쉽게 갈린답니다.
- 연두부 대신 단호박을 넣어도 됩니다. 감기 걸린 아이한테는 사과와 단호박을 섞어 범벅을 만들어 주셔도 좋아요.

아토피와 알레르기

지금까지 알려진 바로는 식품 알레르기를 일으키는 물질은 대부분 단백질로 이루어져 있습니다. 그런데 대부분의 음식물에는 단백질이 들어 있지요. 몸속 단백질과 종류가 다른 단백질이 들어오면 우리 몸이 과민반응을 일으킬 수 있습니다.

하지만 몇 가지 재료에 과민반응을 보이는 아기나 아토피성 피부염이 있는 아기라고 해서 섣불리 음식 종류를 제한하는 것은 옳지 않습니다. 오히려 길게 보면서 아기가 면역력을 기를 수 있도록 밥상을 차리는 지혜가 필요하지요.

특히 아토피 아기는 알레르기를 앓는 아기와 달리 어떤 재료냐가 아니라 그것이 얼마나 건강한 재료냐에 따라 반응합니다. 바꾸어 말하면 아토피 아기에게 나쁜 음식은 다른 아기들에게도 좋지 않은 음식입니다. 아토피 아기는 마치 리트머스 시험지처럼 외부 환경과 음식물에 더 섬세하고 예민하게 반응하는 것일 뿐이지요. 아기 먹을거리를 마련할 때는 무엇보다 그 점을 잊지 말아야 합니다.

면역력을 기르는 데에도 건강한 자연의 기운이 듬뿍 담긴 제철 채소만큼 좋은 재료는 없지요.

고구마호박옹근죽

돌봄 | 25분

쌀밥 50g
늙은 호박 60g
고구마 30g
맛국물 200ml

01 호박은 속을 긁어내고 껍질을 벗겨 쪄서 으깹니다.
02 자색 고구마도 껍질을 벗겨 찐 뒤 으깹니다.
03 냄비에 밥과 호박, 고구마와 맛국물을 넣고 잘 저어 주면서 약한 불에서 오랫동안 끓입니다.

• 보드라운 죽을 끓이고 싶다면 쌀밥 대신 찹쌀가루를 20g 넣어도 괜찮습니다. 찹쌀가루는 물에 개어 조금씩 나누어 넣으면 잘 뭉치지 않아요.
• 호박과 고구마는 밥을 지을 때 밥솥에 함께 넣고 찌면 편하지요.
• 김장하고 남은 배추 뿌리가 있다면 죽 쑬 때 갈아서 넣으세요. 면역력을 높이는 데에 좋습니다.
• 옛 어른들은 늦가을이면, 봄에 맺혀 여름을 난 늙은호박으로 죽을 쑤어 먹으며 겨울을 날 준비를 하곤 했습니다. 아기들 면역력을 기르는 데 아주 좋은 재료입니다.

토할 때

돌이 안 된 아기들은 토하는 일이 더러 있습니다. 대개 별일이 아니지만 부모 마음은 어디 그런가요. 놀라고 속상하고. 그래도 장염이 심해 먹는 족족 토하는 게 아니라면 아기 끼니는 꼭 챙겨야 합니다.

아기가 토할 때는 몸속 수분이 한꺼번에 많이 빠져나가는 것도 문제지만 토하느라 기운을 다 써버리기 쉬워요. 영양가가 풍부하면서도 부드럽고, 되도록 물기가 많은 재료로 이유식을 만들어 보세요. 섬유질이 많아 아기가 소화시키기 힘든 재료는 피해야 합니다. 육류나 유제품도 좋지 않아요.

증세가 한결 우선해질 때까지는 평소에 먹던 것보다 묽게 죽을 쑤어도 좋습니다. 끓인 물을 식혀서 자주 먹이면 더 좋지요.

두부양송이묽은죽

돌봄 | 30분

쌀 20g
달고기 15g
두부 20g
양송이버섯 20g
양파 10g
맛국물 200ml

01 쌀은 불려서 갈아 놓거나, 밥을 지어서 으깨어 놓습니다.
02 달고기는 가시를 발라 끓는 물에 살짝 데친 뒤 잘게 다집니다.
03 양송이버섯, 양파는 잘게 다져 놓고, 두부는 곱게 으깨 놓습니다.
04 냄비에 맛국물과 쌀, 흰살생선, 버섯, 양파를 넣고 센 불에서 주걱으로 저어 가며 끓이다가, 끓어오르면 두부를 넣고 약한 불로 줄여 쌀알이 퍼질 때까지 끓입니다.

• 양송이버섯에는 소화효소가 아주 많이 들어 있답니다. 부드럽고 물기가 많은 두부도 속이 불편한 아기들이 먹기에 좋은 음식이지요.

열이 날 때

열이 심하다면 헐렁한 옷으로 갈아입히세요. 손끝에 미지근한 물을 묻힌 다음 열이 많이 나는 곳에 자주 발라 주면 열을 더 빨리 떨어뜨릴 수 있어요.

그리고 오이나 보리, 무처럼 성질이 차가운 음식을 먹이는 게 열을 내리는 데 도움이 된답니다. 우엉이나 부드러운 두부처럼 되도록 소화가 쉽거나 브로콜리처럼 약해진 소화 기능을 북돋울 수 있는 음식을 먹이는 것도 중요해요.

만약 탈수 증상을 보인다면 '설사 할 때' 이유식을 참고해 아기 밥상을 차립니다.

단호박채소묽은죽

돌봄 | 25분

쌀 22g
찹쌀 10g
단호박 35g
감자 20g
맛국물 150ml

01 쌀은 불려서 갈아 놓거나, 밥을 지어서 으깨어 놓습니다.
02 단호박과 감자는 껍질을 벗겨 찐 다음 곱게 으깹니다.
03 냄비에 맛국물과 쌀, 찹쌀을 넣고 센 불에서 주걱으로 저어 가며 끓이다가 단호박과 감자를 넣고 끓어오르면 약한 불로 줄여 쌀알이 퍼질 때까지 끓입니다.

• 아기가 장염에 걸려 열이 나는 것이라면 소화력이 많이 떨어질 수 있습니다. 그럴 때는 물을 넉넉히 잡아 푹 퍼지게 죽을 쑤어 주세요.

체했을 때

아기들이 몸이 좋지 않을 때는 당장 소화 기능부터 뚝 떨어지기 마련입니다. 아기가 소화시키기 힘든 음식을 한꺼번에 너무 많이 먹었을 때도 그렇답니다. 그럴 때는 아기 배를 만져 보고 딱딱하게 굳은 부위를 손바닥으로 문질러 주거나 아기 손바닥을 꾹꾹 눌러주면 좋지요.

평소에 먹던 양만큼 반드시 먹어야 하는 것은 아니랍니다. 소화에 부담이 적은 음식을 조금씩이라도 먹이면서 인내심을 갖고 지켜보세요.

적양배추소고기옹근죽

돌봄 | 30분

쌀밥 65g
소고기 30g
적양배추 15g
당근 25g
양파 5g
맛국물 400ml

01 쌀밥을 살짝 갈아 줍니다.
02 소고기는 핏물을 빼고 잘게 다져 볶습니다.
03 적양배추, 당근, 양파는 겉잎과 껍질을 벗기고 다집니다.
04 냄비에 맛국물과 밥, 소고기, 적양배추, 당근, 양파를 넣고 센 불에서 주걱으로 저어 가며 끓이다가 끓어오르면 약한 불로 줄여 원하는 묽기가 될 때까지 끓입니다.

• 아프지 않은 아기에게 먹일 거라면 쌀밥은 굳이 갈지 않아도 됩니다.

설사할 때

아기가 설사를 한다고 해도 너무 심하지 않다면 굶기지 마세요. 무작정 약에 기대기보다 빠져나가는 수분을 채워 줄 수 있는 음식을 먹이면서 아기 몸이 천천히 스스로 치유할 수 있도록 도와주세요. 사과나 완두콩처럼 장 건강을 북돋우는 재료로 아기 밥상을 차려도 좋습니다. 찬 음식과 단 음식, 기름진 음식은 좋지 않아요.

애호박김묽은죽

돌봄 | 20분

쌀 20g
찰녹미 10g
애호박 20g
양파 5g
무 15g
김 ¼장
맛국물 200ml

01 쌀과 녹미는 불려서 작게 갑니다.
02 애호박, 양파, 무는 껍질을 벗겨 잘게 다지고, 김은 구워서 부수어 놓습니다.
03 냄비에 맛국물과 쌀, 찰녹미를 넣고 센 불에서 주걱으로 저어 가며 끓이다가 애호박, 양파, 무를 넣은 뒤 끓어오르면 약한 불로 줄여 김 가루를 넣고 쌀알이 퍼질 때까지 끓입니다.

• 김은 구운 다음 봉지에 넣고 부수면 가루가 날리지 않는답니다.

이유식
만드는
에코맘
이야기

우리는 아기 음식을 만드는
에코 지킴이들입니다

자연 그대로를, 아기들에게

〈에코맘의산골이유식〉(에코맘)은 지리산 골짜기에 터를 잡고 아기 이유식을 만듭니다. 이곳은 자연이 백화점입니다. 쇼핑 카트 대신 낫과 호미를 들고 백화점으로 가지요. 시원한 바람과 산 아래로 길게 굽이쳐 흐르는 섬진강은 덤이랍니다. "자연을 거슬러서 먹이지 말라. 제철 음식으로 만들어라. 재료마다 본연의 육수가 있으니 좋은 재료로, 무, 다시마, 표고로 맛국물을 내면 간을 하지 않고도 담백한 음식을 만들 수 있다." 유기농보다 제철 재료에 신경을 쓰라고 하신 어르신의 말씀. 가슴에 담겠습니다.

회사 옆에는 조그만 땅을 밭으로 일궈 양파, 배추, 가을무, 당근, 시금치 따위를 심어 기릅니다. 물론 제초제와 비료, 농약 따위는 쓰지 않습니다. 이유식을 만들 때 가장 중요한 것은 푸드마일이 짧은 재료, 그러니까 가까이에서 난 것으로 이유식을 만드는 일입니다. 텃밭에서 자연농법으로 정직하게 길러 거둔 채소들로 우리 아이들 이유식을 만들고 싶습니다. 〈에코맘〉 농장을 만드는 도전이 일이 아니라 함께 즐기는 우리들의 놀이가 됐으면 하는 바람입니다.

땅에 기대어, 지역민과 함께

큰 산 아래, 넉넉한 강이 흐르는 땅에 기대어 오랫동안 살아온 이들이 있습니다. 〈에코맘〉은 그 분들의 이야기를 들으려고 여기에 있지요.

'강정자' 어머니와 '박순남' 어머니는 〈에코맘〉이 있는 곳, 아랫마을에 사십니다. 〈에코맘〉 아래 텃밭을 늘 오밀조밀 가꾸셔서 지나다가 묻고는 했습니다.

"텃밭이 우짜면 이리 이쁠까요?"

50년이 훌쩍 넘는 세월을 오롯이 농사에 바쳐 오신 두 분. 이따금 참앵두며 산딸기, 방아잎 뭉치를 몰래 회사 앞에 두고 가셨지요. 그 정답던 선물을 되돌려 드리고 싶어 두 어머니께 〈에코맘〉 식구가 되어 주십사 부탁드렸습니다. 70대에 직장에 취직할 수 있어 얼마나 기쁜지 모르겠다 하셨지요. '박순남' 어머니는 젊은이들과 일하는 게 설레어서 날이 밝기도 전에 회사에 나오고는 하셨습니다. 〈에코맘〉은 이런 분들의 경험과 지혜, 땀과 손맛을 이유식에 담고 싶습니다.

이제 막 고향으로 돌아온 젊은이들과. 묵묵하게 고향을 지켜 온 어르신들이 함께 오늘도 일손을 붙듭니다.

농민과 함께, 이유식을 만드는 기업

〈에코맘〉은 사회적 기업입니다. 일터는 '돈 터'만이 아닌 '삶터'이자 내가 더 좋은 사람이 되어 가는 '수행 터'이어야 한다고 생각합니다. 함께 일하는 이들이, 좋은 벗이자 한 식구처럼 되어야 합니다. 회사가 잘된 다음에야 나누는 것이 아니라, 나누기 위해서 〈에코맘〉이 커 나갈 겁니다. 탐욕의 그릇이 작아지면 우리는 저마다 더 많은 것을 누릴 수 있습니다. 시골 고향에 뿌리 내린 우리의 삶은 이만하면 넉넉합니다. 〈에코맘〉 때문에 좀 더 많은 사람들이 웃음 짓는다는 이야기를 들을 때라야, 〈에코맘〉이 옳은 방향으로 가고 있는 것이지요.

〈에코맘〉은 농업회사이기도 합니다. 농사가 기본이라는 것을 누구보다 잘 알고 있는 이유식 회사이지요. 이곳에서 〈에코맘〉을 운영하면서 지역 농민들을 많이 만났습니다. 그런데 농사짓는 것만으로 살림살이를 어렵지 않

게 꾸리는 농사꾼은 열에 한 사람도 찾기 어렵습니다. 그나마 성공했다며 알려진 농민도 빚더미 위에 올라 있기 쉽고, 그렇게 되기까지 지방 정부의 도움을 받아야만 했던 사람도 많았습니다. 농사를 짓고, 소나 닭을 키우고, 바다에 나가 일을 하는 나머지 대부분 농어민은 형편이 어려웠습니다. 무엇보다 요즘은 힘들게 기르고 생산한 농산물이 있어도, 스스로 알려서 파는 것까지 농민 몫이 되는 일이 많으니까요. 이 문제를 풀어 나가는 데에 〈에코맘〉이 보탬이 될 수 있으리라 믿고 있습니다. 〈에코맘〉이 지역 농산물로 이유식을 만드는 데에 애쓰는 여러 까닭 가운데 하나이지요.

가까운 지역에서 함께 살고 있는 농민들의 고민과 어려움을 함께 나누어 조금이나마 힘이 되려고 합니다. 혼자서는 숲을 만들 수가 없으니까요. 나란히 함께 서서, 새로운 삶의 생태계, 꼭 만들고 싶습니다.

제철 재료와 로컬 푸드

〈에코맘의산골이유식〉은 제철 재료를, 가까이에서부터 찾아 나갑니다. 누구에게나 좋은 먹을 것을 찾기 위한 첫 번째 조건이 바로 이것이지요. 산골에서 지내고 있으면, 자연과 가까운 재료를 금세 알아볼 수 있어요. 먹을 것이 자연과 가까워질수록 먹는 이의 몸은 가뿐해지고 마음도 밝아집니다. 아기들에게는 꼭 이런 재료를 골라 주어야 하지요. 애써서 이런 먹을거리를 찾는 소비자가 늘어날수록, 농부한테는 땅을 살리는 농사를 꾸준히 이어 나갈 수 있게 하는 힘이 됩니다. 이곳에서 늘 만나는 먹을 것 몇 가지만 꼽아 볼게요.

봄나물 _ 지리산 자락 〈에코맘〉이 있는 곳은 해발 500m 산골입니다. 둘레로 온갖 나물이 지천이지요. 냉이며 쑥처럼 얼어붙은 땅이 녹으며 돋아난 들나물의 쌉싸름한 기운이 입맛을 돋웁니다. 어른 손가락만 한 어린 두릅이나 우거진 숲속 나무 그늘에서 자라난 취나물의 향긋한 냄새도 빼놓을 수 없지요. 담백한 고사리는 또 어떤가요? 데쳐서 말려 두면 한 해 내내 묵나물로 먹기에 좋지요. 봄볕에 말리면 비타민D도 덤으로 얻습니다.

오색현미 _ 하동 청정 들녘 요즘, 컬러푸드 바람이 한창이지요. 하동 들녘에는 자연순환농법으로 기른 오색현미가 자랍니다. 홍미, 녹미, 흑미…… 싱그럽고 건강한 자연의 힘이 이름에서부터 느껴지지 않나요?

현미는 쌀눈을 전혀 깎지 않은 쌀이에요. 그래서 조금 거칠지만, 섬유질과 비타민, 미네랄 같은 필수영양소가 고스란히 남아 있어요. 물에 담가 두면 싹이 트는 쌀, 바꿔 말하면 살아 있는 쌀이지요. 백미는 백날 담가 두어도 싹은커녕 썩을 뿐이니까요. 아기들에게 더 좋은 것을 주고 싶다면, 이유식을 7~8 분도미로 한번 만들어 보세요. 아기에게 현미의 생명력과 영양을 선물하고 싶지만 소화가 못내 걱정스럽다면 물에 불려 싹을 틔워 죽을 쑤면 됩니다.

솔잎한우 _ 하동의 로컬 푸드 하동에서 기르는 솔잎한우는 친환경 미생물제인 솔잎 생균제가 든 먹이를 먹고 자란 건강한 소입니다. 항생제도 물론 전혀 쓰지 않고요. 〈에코맘〉 둘레 30km 안에서 기르고, 도축한 고기라 푸드 마일이 정말 짧죠. 우리나라에서 처음으로 축산물 이력제를 실시했고, 친환경 축산물 품평회에서 최우수상을 받기도 했답니다.

달고기 _ 남해 바다 옆구리에 보름달처럼 생긴 반점이 있어, 달고기라는 예쁜 이름이 붙었답니다. 못생긴 녀석이지만 비린내 없이 담백한 맛이 좋아요. 남해 바다에서 많이 나는 물고기라 〈에코맘〉한테 딱 어울리는 물고기예요. 〈에코맘〉 옆 동네, 사천 앞바다에서 잡아 올린 달고기. 우리 아기들이 처음 맛보는 흰살생선으로 더할 나위 없지요.

이 땅 아기들의 외갓집

어릴 적 방학이 되면 외할머니 외할아버지를 뵈러 갔었지요. 추억이 많이 있습니다. 외갓집 마루에 누워 할머니의 부채질에 잠이 들고 여름철이면 시원한 수박 한 통 먹으며 더위를 날려 보냈습니다. 하루 종일 냇가에서 고기 잡고 잠자리 잡고……. 외할머니 댁에는 조그만 별채가 하나 있었습니다. 겨울이면 아궁이에 불을 넣어 아랫목이 뜨끈했지요. 이불 하나면 메주가 주렁주렁 걸려 있던 그 방에 둘러앉아 전기놀이며 귀신 이야기에 밤 깊어 가는 줄 모르고 놀았습니다. 오늘을 사는 우리가 진정으로 다음 세대에게 물려주어야 하는 건 자라나는 우리 아

이들이 이렇게 자연과 교감하며 추억을 쌓을 수 있는 공간이 아닐까요?

　요즘 외갓집은 아파트이기 쉽고, 놀이 공간은 아파트 놀이터가 고작입니다. 그래서 〈에코맘〉에서는 '외갓집 프로젝트'를 준비합니다. 〈에코맘의산골이유식〉이 〈에코맘〉 이유식을 먹고 자란 아기들이 추억을 쌓고 쉴 수 있는 공간이 되었으면 해서요. 변변치 않으나마 첫걸음을 뗍니다. 〈에코맘의산골이유식〉은 우리 아기들의 외갓집이 되고 싶습니다. 지금 이 순간 누군가 해야 하는 일이라면 저희가 그 중심에 서고 싶습니다.

재료로 찾아보기 ※ 표시가 있는 쪽은 재료에 관한 간단한 설명이 덧붙여져 있습니다.

	보미	묽은죽	옹근죽
가지		가지애호박묽은죽 98 ※	
감자	감자보미 92 ※	연근감자묽은죽 68 ※ 감자치즈묽은죽 100 양송이치즈묽은죽 137 ※ 팽이버섯감자묽은죽 171	소고기채소옹근죽 106 흰살생선감자옹근죽 108 소고기영양옹근죽 144 양송이감자옹근죽 178 소고기새송이버섯옹근죽 198
강낭콩	강낭콩보미 95 ※ 늙은호박강낭콩보미 132	강낭콩고구마묽은죽 170	단호박강낭콩밀쌀옹근죽 107 ※ 단호박강낭콩팥옹근죽 144
검은깨			흰살생선검은깨옹근죽 143
고구마	연근고구마보미 60 고구마수수보미 131 고구마사과보미 165	고구마닭고기묽은죽 101 고구마동부묽은죽 137 강낭콩고구마묽은죽 170 ※ 비트고구마묽은죽 172	죽순고구마홍미옹근죽 74 ※ 고구마타락옹근죽 178 고구마호박옹근죽 202
고사리			버섯고사리들깨옹근죽 140 소고기고사리옹근죽 73
굴			
근대			근대들깨두부옹근죽 106
김		소고기파래김묽은죽 168 애호박김묽은죽 210 ※	
깻잎			
냉이			흰살생선냉이옹근죽 73 ※
녹미		녹미사과묽은죽 138	
다시마			소고기다시마옹근죽 176
단호박	단호박브로콜리보미 166 ※	참깨단호박묽은죽 134 단호박채소묽은죽 206	단호박강낭콩밀쌀옹근죽 107 단호박강낭콩팥옹근죽 144 서리태대추영양옹근죽 177
달걀			달걀부추옹근죽 108 ※
닭고기	연두부닭고기보미 61 닭고기비트보미 95 애호박닭고기보미 106 ※	닭고기연근묽은죽 67 고구마닭고기묽은죽 101 ※ 닭고기서리태묽은죽 136 닭고기새송이묽은죽 172	닭고기참나물옹근죽 74 닭고기청경채옹근죽 104 닭고기아욱옹근죽 107 닭고기숙주옹근죽 142 찹쌀누룽지닭옹근죽 143 닭고기비트옹근죽 174

	보미	묽은죽	옹근죽
당근	비타민당근보미 61 찹쌀당근보미 130		시금치당근생선옹근죽 186
대추			서리태대추영양옹근죽 187
돼지감자			돼지감자버섯옹근죽84 ※
돼지고기			
두부	연두부닭고기보미 61 ※ 소고기연두부보미 165	미나리두부묽은죽 66 흰살생선연두부묽은죽 102 두부양송이묽은죽 204	시금치깨두부옹근죽 72 근대들깨두부옹근죽 106
들깨		미역들깨묽은죽 171	근대들깨두부옹근죽 106 ※ 버섯고사리들깨옹근죽 140
마늘종			
매생이			
멸치			
무	무보미 164 ※		소고기영양옹근죽 144 소고기새송이버섯옹근죽 198
미나리		미나리두부묽은죽 66	
미역		서리태미역묽은죽 170 미역들깨묽은죽 171	참깨연근미역옹근죽 196
밀쌀			단호박강낭콩밀쌀옹근죽 107
바지락			
밤			
배	소고기배보미 128		
배추	배추보미 131		
버섯		양송이치즈묽은죽 137 소고기양송이묽은죽 138 팽이버섯감자묽은죽 171 닭고기새송이묽은죽 172 두부양송이묽은죽 204 ※	돼지감자버섯옹근죽 72 버섯고사리들깨옹근죽 140 양송이감자옹근죽 178 소고기새송이버섯옹근죽 198
보리		흰살생선보리묽은죽 101 ※	
봄동	봄동보미 72 ※	봄동새송이묽은죽 66 소고기봄동묽은죽 68	
부추			달걀부추옹근죽 108

진밥	국	반찬
돼지고기양배추진밥 80 ※ 돼지고기우엉진밥 180		돼지고기부추덮밥 116 자장덮밥 155 가지돼지고기덮밥 156 돼지고기마파두부 188 돼지고기우거지찜 192
두부미역들깨진밥 184	애호박두부된장국 120	돼지고기마파두부 188 두반장해초덮밥 189 연두부고구마범벅 200
두부미역들깨진밥 184	산나물버섯들깨탕 118 감자들깨국 155	
마늘종버섯볶음밥 79		
	매생이굴국 189	
밤잔멸치진밥 146 ※ 고구마멸치비트진밥 183		잔멸치볶음 88 ※
소고기미역채소진밥 182	소고기무국 190	오징어무조림 154 백김치 190
소고기미역채소진밥 182 두부미역들깨진밥 184	생선살미역국 188 소고기미역국 86	
	바지락시금치된장국 88 ※	
밤잔멸치진밥 146		
소고기배추쑥갓진밥 78		백김치 190
마늘종버섯볶음밥 79 톳버섯진밥 80 흰살생선버섯진밥 114 모듬버섯치즈진밥 148 소고기영양진밥 149	산나물버섯들깨탕 118 느타리버섯달걀탕 124	버섯고사리무침 84 ※ 버섯잡채덮밥 152
모듬버섯치즈진밥 148		
재첩부추진밥 114		돼지고기부추덮밥 116 소고기부추달걀볶음 119

	보미	묽은죽	옹근죽
우엉			
재첩			
조			차조고구마옹근죽 142
죽순			죽순고구마홍미옹근죽 74 ※
참깨		참깨단호박묽은죽 134	시금치깨두부옹근죽 72
			참깨연근미역옹근죽 196
참나물			닭고기참나물옹근죽 74
찹쌀	찹쌀당근보미 130		찹쌀누룽지닭옹근죽 143
청경채	청경채보미 94	소고기청경채묽은죽 100	닭고기청경채옹근죽 104
취나물			소고기취나물옹근죽 70 ※
치즈		감자치즈묽은죽 100	
		양송이치즈묽은죽 137 ※	
카레			
콜라비			
콩	흑미서리태보미 166	고구마동부묽은죽 137 ※	서리태대추영양옹근죽 177
		닭고기서리태묽은죽 136	
		서리태미역묽은죽 170	
콩나물			
토란대.			
톳			
파프리카			
파래		소고기파래김묽은죽 168	
팥			단호박강낭콩팥옹근죽 144
호박	애호박보미 94 ※	가지애호박묽은죽 98 ※	소고기채소옹근죽 106
	애호박닭고기보미 96 ※	애호박김묽은죽 210	고구마호박옹근죽 202 ※
	늙은호박강낭콩보미 132 ※	흰살생선호박묽은죽 136	적양배추소고기옹근죽 208
홍미			죽순고구마홍미옹근죽 74
흑미	흑미서리태보미 166	닭고기새송이묽은죽 172	소고기영양옹근죽 144
흰살생선		흰살생선시금치묽은죽 64 ※	흰살생선냉이옹근죽 73
		흰살생선보리묽은죽 101 ※	흰살생선감자옹근죽 108
		흰살생선연두부묽은죽 102	흰살생선검은깨옹근죽 143
		흰살생선호박묽은죽 136	시금치당근생선옹근죽 176
		두부양송이묽은죽 204	흰살생선미역옹근죽 177

텃밭에서 캐낸 제철 아기 밥상

에코맘의 산골 이유식

1판 1쇄 펴냄 2017년 11월 30일

글 오천호
사진 권산

편집 서혜영, 전광진
도움 주신 분 오정심(에코맘의산골이유식 조리장)
　　　　　　　김은선(에코맘 생명과학연구소 소장)
　　　　　　　홍수지(에코맘 생명과학연구소 연구원)
　　　　　　　정영철(한국국제대학교 영양식품학과 교수)

인쇄·제책 상지사 P&B
영업 대행·도서 주문 책의 미래 전화 02-332-0815 팩스 02-6091-0815

펴낸 곳 상추쌈.출판사 | **펴낸이** 전광진
출판등록 2009년 10월 8일 제 544-2009-2호
주소 경남 하동군 악양면 정동리 부계1길 8 우편번호 52305
전화 055-882-2008 | **전자 우편** ssam@ssambook.net

ISBN 978-89-967514-8-9
CIP 2017030627